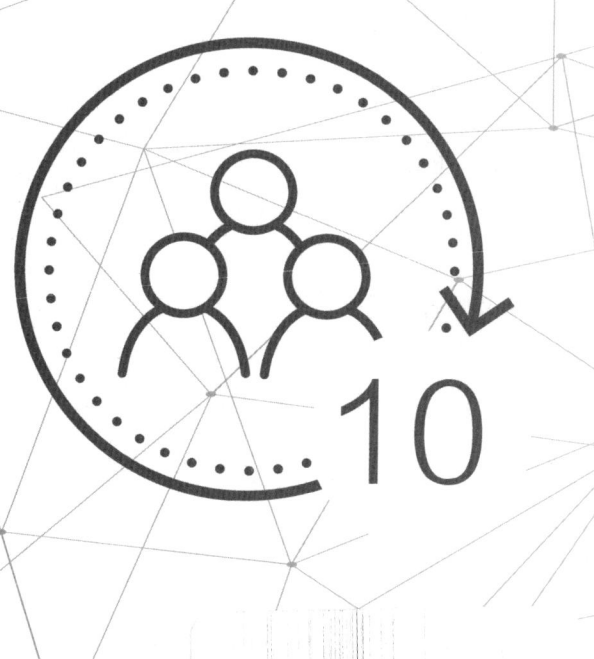

# 10人以下

# 高效小团队管理法

给你一个小团队，你能怎么管

陈政一◎编著

立信会计出版社
LIXIN ACCOUNTING PUBLISHING HOUSE

**图书在版编目（CIP）数据**

10 人以下高效小团队管理法 / 陈政一编著 . —上海：
立信会计出版社，2021.8（2021.9 重印）
ISBN 978-7-5429-6903-3

Ⅰ.①1… Ⅱ.①陈… Ⅲ.①企业管理—组织管理学—
研究 Ⅳ.① F272.9

中国版本图书馆 CIP 数据核字（2021）第 152255 号


策划编辑 蔡伟莉
责任编辑 陈 瑶
封面设计 南房间

# 10 人以下高效小团队管理法

10 REN YIXIA GAOXIAO XIAOTUANDUI GUANLIFA

| | | |
|---|---|---|
| 出版发行 | 立信会计出版社 | |
| 地　　址 | 上海市中山西路 2230 号 | 邮政编码　200235 |
| 电　　话 | （021）64411389 | 传　　真　（021）64411325 |
| 网　　址 | www.lixinaph.com | 电子邮箱　lixinaph2019@126.com |
| 网上书店 | http://lixin.jd.com | http://lxkjcbs.tmall.com |
| 经　　销 | 各地新华书店 | |

| | | |
|---|---|---|
| 印　　刷 | 上海万卷印刷股份有限公司 | |
| 开　　本 | 720 毫米 ×1000 毫米 | 1/16 |
| 印　　张 | 15 | |
| 字　　数 | 208 千字 | |
| 版　　次 | 2021 年 8 月第 1 版 | |
| 印　　次 | 2021 年 9 月第 2 次 | |
| 印　　数 | 3 101—5 200 | |
| 书　　号 | ISBN 978-7-5429-6903-3/F | |
| 定　　价 | 58.00 元 | |

如有印订差错，请与本社联系调换

# 前言
· FOREWORD ·

　　未来没有大企业，只有小团队。边界将被打破，沟通创造价值。

　　"人多力量大""众人拾柴火焰高""人多好办事"，这些俗语表达的意思已经成为人们的普遍共识。殊不知，团队的力量不在于人员的多寡，而在于成员各自的能力高低、相互间协同作战能力以及团队管理构架的完善。有时候人越多，反倒越阻碍事情的发展，成为成功的绊脚石。"一个和尚挑水吃，两个和尚抬水吃，三个和尚没水吃"，就是这个道理。

　　《人类简史》里说，当人类在远古时期，任何一个村落都只有150人左右，因为当时没有语言这样一个工具，一旦超过150人，就没有办法维系起这个人群。所以，在人类的记忆里面，只适合处理150人以内的人际关系，一旦超过150人的时候，它就变成一个社会化的组织。

　　在传统工业时代，员工的数量决定了企业的规模，但互联网时代完全不可同日而语。微信创始人张小龙说："当一个团队规模特别大的时候，很多行为方式一定会进入一种'组织化'的行为方式，要想保持自己特别好的一些特色就变得特别不容易。"

　　团队不是越大越好。大团队与小团队存在很多区别：大团队做加法，小团队做减法；大团队靠制度，小团队靠领导；大团队行动迟缓，小团队反应敏捷；大团队以岗定人，小团队以人定岗；大团队人才齐备，小团队一材多用；大团队考核个人业绩，小团队考核团队业绩……

　　一个小规模的团队，不用面对烦琐的层级关系，成员之间的沟通会更加直接。因为团队小，人数少，大家可以面对面地进行头脑风暴。对于经营者来说，小团队意味着更高的灵活性和创造力，人力成本自然也会小很多。比如《西游记》取经团队，只有四人加一匹白龙马；刘邦最初也只有萧何、韩信、张良等得力干将；刘备三顾茅庐前也只有关羽、张飞两位兄弟；马云依靠"十八罗汉"创建阿里巴巴集团；李彦宏凭借"七剑客"开发出"百度V.1.0"……

与大团队不同，小团队要求管理者对成员进行更加细致的观察，对团队成员也更侧重于人性化和个性化管理，需要管理者多关注人、多关注事。

本书《10人以下高效小团队管理法》从"打造小团队的九个关键点""团队赋能的八项修炼""主管不可不懂的十门技术"三大篇、二十七个章节来介绍小团队的管理方法和管理技巧。这些方法技巧，主要针对管理10人以下的主管，其中既有案例分享，也有经验总结，值得借鉴。

衷心希望每一位小团队管理者在互联网时代能用更少的人、做更多的事、维持更高的效率、创造更大的效益。

由于编者水平有限，疏漏之处在所难免，敬请广大读者批评指正！

# 目 录
• CONTENTS •

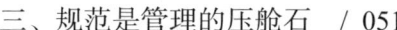

## 第三篇　主管不可不懂的十门技术

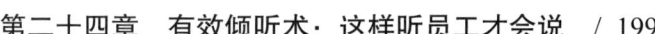

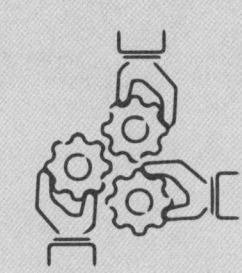

# 第一篇
# 打造小团队的九个关键点

# 第一章

# 七种经典的小团队类型

今天的工作环境中，团队类型纷繁多样。作为公司的经营者、管理者，了解不同类型的团队是十分有益的。了解后，将有助于管理者带领团队成员打造更高效的团队，使每个人都能发挥更大的潜力。

作为一个小团队的主管，我们要清楚地认识所带领团队的类型，自己在团队中担任的特定角色以及可以提供的技能、智慧和专业知识。

在公司里，最常见的团队经典类型有这样几种：项目负责型、问题解决型、虚拟型、职能型、多功能型、追随者型、自我管理型，如图1-1所示。

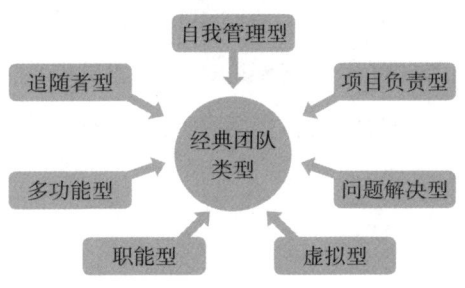

图1-1 经典团队类型

## 一、自我管理型团队

作为一种新型、高效的管理模式，自我管理型团队人数在4～8人之间。日常工作中，各个团队成员自我管理、自我决策、自我学习，各人对工作成果和业绩负责。在这个团队里，每个成员有清晰且能够被认同的愿景。主管在工作中需要充分授权，为大家提供基本的物质支持，协调众人精诚合作，达到团队共同的目标。

## 二、项目负责型团队

项目负责型团队不同于普通的团队，其是为实现项目目标而组建的，具有明确的目标任务和完成任务的时限。其是项目人力资源的聚集体，是项目的中心管理小组，由一群人集合而成并被看作是一个小组，大家共同承担项目目标的责任，兼职或者全职地向团队主管进行汇报。在项目负责型团队里，成员来自不同的部门，各人具有独特的技能、知识背景，相互之间具有极强的知识与技能互补性。

## 三、问题解决型团队

问题解决型团队是为了解决某一个问题而临时组建的团队，又称"临时型团队""平行团队"。团队成员就如何改进工作程序、方法等问题互相交换看法和意见，对如何提高效率和质量等问题提出建议。这样的团队类似于某个案件的专案组，或者医院的专家会诊团。这种团队在问题解决后就会自动解散，团队成员各回各的岗位。这样的团队形成的时间短，成员可能都不太熟悉，配合起来可能不是很默契，但各个成员目标一致，做事针对性强，工作效率相对较高。

## 四、虚拟型团队

虚拟型团队又称"网络化团队"，人员分散于远距离的不同地点，但通过远程通信技术一起工作，共同完成相同的目标和任务。团队成员的配置随任务的需要而改变，并且不受空间和时间限制，可以是在北京、上海、深圳等不同城市，甚至可以跨国、跨洲、跨地区。成员可以跨越不同的组织，工作时间可以交错，使用邮件、微信、视频等现代通信技术，通过互联网交流或是召开视频会议来商议解决问题。这样的团队虽然成员分散，但各人能力都较强，队员各管一方，相互之间比较熟悉、了解，志趣相投，工作起来默契度较高。

## 五、职能型团队

职能型团队是按职能来组织部门分工，即从公司高层到基层，把承担相同职能的管理业务及其人员组合在一起，设置相应的管理部门和管理职务。职能型团队是我们比较熟悉的传统团队形式，如人力资源部、财务部、销售部等。每个团队通过员工的联合活动来达到特定目的。职能型团队经常在特定职能领域中积极改进工作方法或努力解决具体问题。

职能型团队的优势表现为：便于团队内部人员相互交流、相互支持。当团队里某个成员离开时，所属部门可以增派人员，保持项目的技术连续性。

职能型团队的劣势表现为：当项目需要多个团队共同完成，或者一个团队内部有多个项目需要完成时，资源的平衡、彼此间的沟通就会出现问题。项目成员在行政上仍隶属于各职能团队的管理，项目经理对所有的项目成员无权放开手脚使用，他需要不断地同职能型团队的主管进行有效的沟通，以消除项目成员的顾虑。

## 六、多功能型团队

多功能型团队也叫跨职能团队，其能够让团队内不同领域的员工之间交换信息，激发新观点的形成，协调复杂的项目。多功能型团队成员主要由为了完成某个目标，来自同一个层级，但是不同职能部门的员工组成，包括因某种特殊需要或突发事件而临时组建的快速反应团队，比如谈判团队、事故处理小组等。

例如麦当劳公司就设有危机管理团队，由公司培训部、采购部、运营部等多部门的资深员工组成，他们一起接受危机管理的训练，目的是解决公司突然发生的紧急事件。

## 七、追随者型团队

　　追随者型团队是为了实现共同的目标，组合而成的一个团队。团队成员高度积极、自觉协作去完成每个任务。在这个团队中，权利呈现分散的状态，主管不是绝对的权威，每个人都有发表观点的自由，很多决策通过共同商讨决定。对于追随者型团队而言，具有良好的沟通渠道非常重要，通过沟通，成员们才能达成共识，达成对目标的共同认知，建立合作关系，采取集体行动。

 **参考书目**

1. ［英］迈克•布伦特，菲奥娜•爱尔莎•丹特．徐少保，王琳，译．团队赋能：大师的18堂团队管理课［M］.北京：北京联合出版公司，2019.

2. ［美］哈罗德•科兹纳．杨爱华，王丽珍等，译．项目管理：计划、进度和控制的系统方法［M］.12版.北京：电子工业出版社，2018.

3. ［英］西蒙•麦克•罗里．尹宝莲，译.如何打造10人以下高效小团队［M］.北京：中国友谊出版公司，2021.

4. ［美］莉兹•怀斯曼．潘婧，译．团队赋能［M］.北京：中国友谊出版公司，2019.

5. 喻雄辉.全能团队［M］.北京：台海出版社，2019.

# 第二章

# 主管应认清自己的角色定位

作为团队主管，要明确自己的角色定位，充分认清自我，在要求下属的同时更严格地要求自己。

在小团队里，每个人的分工不同，职责也有所差异。就像"胃"和"四肢"一样，各有各的任务，各有各的职责。"四肢"不能苛求"胃"去做不在他职责范围之内的事情。一个优秀的主管需要清楚自己的职责与下属职责之间的差异，对自己的角色与定位要有一个清醒的认识，不能使自己的角色发生错位的现象。

只有每个职位上的人都各司其职，各尽其责，一个整体才能有机地运作起来，每个人的利益才能够从整体的运作当中获得。如果各司其职的人没有做好自己的工作，没有尽到自己的责任，那么，就会尝到自己种下的苦果。这样一来，受害者不仅仅是自己，更是连累了整个团队。

## 一、避开"彼得原理"陷阱

彼得原理是美国学者劳伦斯·彼得在对组织中人员晋升的相关现象进行研究后得出的一个结论：在各种组织中，由于习惯于对在某个等级上称职的人员进行晋升提拔，因而雇员总是趋向于被晋升到其不称职的职位。彼得原理有时也被称为"向上爬"理论。这种现象在现实生活中无处不在：一名称职的教授被提升为大学校长后无法胜任；一个优秀的运动员被提升为主管体育的官员，导致无所作为……这些"彼得原理"陷阱，就是由公司不恰当的激励机制和人员的晋升机制所导致的。

对于一个团队而言，一旦团队中的部分人员被推到了不称职的级别，就会造成团队的人浮于事，效率低下，导致平庸者出人头地，发展停滞。因此，这就要求改变单纯的"根据贡献决定晋升"的员工晋升机制，不能因某个人在某一个岗位级别上干得很出色，就推断此人一定能够胜任更高一级的职务。要建立合理的人才选聘机制，客观评价每一位员工的能力和水平，将其安排到可以胜任的岗位。不要把岗位晋升当成对下属的主要奖励方式，应建立更有效的奖励机制，更多地以加薪、休假等方式作为奖励手段。有时将一名下属晋升到一个其无法很好发挥才能的岗位，不仅不是对下属的奖励，反而使他无法很好地发挥才能，也给公司带来损失。

对个人而言，虽然我们每个人都期待着不停地升职，但不要将往上爬作为自己的唯一动力。与其在一个自己无法完全胜任的岗位勉力支撑、无所适从，还不如找一个游刃有余的岗位好好发挥自己的专长。

下面是彼得博士研究资料中一个典型案例：

杰克在汽车维修公司是一名热忱又聪明的学徒，不久前被聘为正式的机械师。在这个职位上，杰克表现杰出，不但能诊断汽车的疑难杂症，还能不厌其烦地加以修复，于是他又被提升为该维修厂的领班。

然而，在担任领班之后，杰克对机械的热爱和追求完美的性格反而成为他的缺点。因为不管维修厂的业务多么忙碌，他还是会承揽任何他觉得有趣的工作。

杰克总是说："我们总得把事情做好嘛！"他一旦工作起来，干不到完全满意绝不轻易罢手。他事事干预，极少坐在他的办公室里。他常常亲自动手修理拆卸下来的引擎，而让原本从事那件工作的下属呆站在一旁，并且不会给其他工人指派新的任务。结果维修厂里总是堆着做不完的工作，总是一团糟，交货时间也经常延误。杰克完全不了解，一般顾客并不在乎车子是否修得尽善尽美——他们只希望能如期取回车。杰克也不了解，大部分工人对薪资的兴趣比对引擎要浓厚。

因此，杰克对他的顾客和下属都不能应付得宜。从前他是一位能干的机械师，现在却成了不能胜任工作的领班。

像杰克这样的被提拔，许多领导者都认为是天经地义的，是对下属工作表现的一种肯定。因为大多数公司一直把工资、奖金、头衔、提拔主管跟员工的表现和职业阶层挂钩，所处的阶层越高，工资就越高，额外津贴就越丰厚，头衔也越多。虽然这种出发点是好的，结果却是把每个员工都引领到十分尴尬的境地。

对于一个员工来说，他的表现是否优秀往往是相对于他的职位而言。过高的晋升，只会让他从优秀走向不优秀，甚至是艰难。

明智的领导者，一定要懂得把下属安排到一个合适的位置，安排到一个能让他们发挥出优秀水平的位置，而不是通过一味提拔奖励让他们最终迷失甚至颓废在无尽的晋升阶梯中。

## 二、避免"管理错位"

很多公司存在这样一种错位——管理层级的错位。高层做了中层的事情，中层做了基层的事情，而基层则在做高层的事情。这样的公司怎么可能管好？处在这样的团队中怎么能做好事情？

公司的各个层级应该各司其职，高层要做高层该做的事，中层和基层就要做中层和基层该做的事。

作为高层，要做好两件事情：一是要做好公司的发展规划，也就是说，公司的高层领导者必须有能力和责任为公司作出持续发展的规划；二是要做好结果的检验。公司的高层领导者还要不断检验有没有真正把公司带到目的地，如果带到了，下一步的目标和规划是什么？如果没有带到，如何调整？

公司的中层领导者也要明确自己的本职工作：一是确定工作目标并制定工作计划。也就是说，中层领导者能不能设定自己及团队的工作目标，基于工作目标，作出相应的工作计划和资源需求计划。二是团队建设。也就是说，中层领导者能不能基于工作目标，组织团队，以及协调自己团队和别的团队的配合。那么公司的基层应该做些什么？还是两件事情：一是必须具备实现计划的能力；二是信息的反馈。因为最末端显现出来的信息往往是最重要的。

许多团队主管每天用于有效工作的时间很少，大部分时间用于琐碎的事务，或用于根本不该干的事。主管干了自己不该干的事，主管干了下属该干的事，主管干了无效的事，这种现象都称为"管理错位"。管理错位浪费了团队主管最宝贵的资源——时间和精力。那么，怎样避免管理错位呢？要避免管理错位，作为团队主管每天工作时都要问自己这样几个问题。

### 1. 我是谁

这个问题看似简单，实际上有很多人对此理解不够正确和深刻，这在心理学上称为自我暗示。领导者确实需要不断地自我暗示，明确自己的角色身份和职责。因为主管只要进入工作岗位，就会被各种各样的事务和人包围，往往身不由己，特别容易出现管理错位。

### 2. 我今天应该干什么

回答这个问题，实质上是在做一天的工作规划。能够有效工作的主管，必定干自己想干的事，自己应该干的事。主管应该主动工作，干计划内的事，而不是被动工作，干不属于自己干的事，干计划外的事。主管工作时，很容易犯的错误就是"来什么事，就干什么事"。

### 3. 哪些事情别人做，可能干得更好

通常公司的领导者们特别容易犯一个毛病：事必躬亲。事必躬亲的原因很多，有的是为了对上级显示自己的忠诚，有的是不信任员工，遇到问题，总怕员工做不好，于是亲自动手干起来，做了下属该干的事。其实，即使主管比下属干得好，仅从主管有更重要的事要做这一点考虑，也应该让下属去做。

绝大多数情况下，团队主管的核心使命是为团队确定方向，找到达成共识的方法，并且组织下属发挥整体作用达到目的。

## 三、做"船长"不做"保姆"

西方管理大师经常把一艘船比喻成一个团队。一个团队逐步壮大的过程，就好像是一个人从自驾小船到指挥大船的过程。团队主管驾驶一艘小船时，什么技能都应学会，慢慢地就能够驾驭整艘船，靠激情就能让小船走得又快又稳。此时，市场会奖励给你一艘大船。大船和小船不只是规模上的差异，大船往往也需要更多的人手，因为仅靠船长一个人无法同时完成大副、二副、水手等所有人的工作。这个时候，光靠激情是不行的，大船要想快速、平稳前行，必须依靠分工和组织体系。

此时，船长的主要任务不再是驾驭，而是要把握大船的方向、速度和安全。小船吃水浅，根本没有机会碰到水下的暗礁；大船吃水深，就有可能碰到暗礁。这时候，管理者要做的其实是制定航向、避免触礁等重要的事情，而不是去用力划船。划船的事情可以托付给已经成长起来的船员了，船长应彻底摆脱与船员做同样工作的状态，而是去做一些与团队发展动向相关的布局工作，为以后的发展提供更多的可能性。如果船长一直在驾驶舱开船，船员们就会无所适从，整个船队如一团乱麻，这无疑是团队管理中的一大败笔。

职场管理专家、知乎大 V 王世民老师讲过这样一个故事：

我之前的一个下属，今年晋升后带了一个 5 个人的小团队，因为刚晋升上来，因此她非常用心，对团队里的每个人都很关心。团队里不管谁碰到问题，她都会尽心帮他们处理，有时如果问题紧急，她还会直接动手帮忙做了。不仅如此她还尽力不让团队成员加班，基本下班时间一到大家就都可以走了。

公司是要求每天上交日报的，有的同事因为赶着下班，日报交得急，有时格式有点问题、有时数据有点问题，她会自己留下来加班，帮这些同事一一修改了后再提交给公司。

这么带团队半年后，正好赶上公司的半年度考评。考评前她挺自信的，觉得自己将团队照顾得这么好，团队管理分肯定不会低。但7月底考评结果出来后，她傻眼了，竟然不及格，特别是"下属反馈"这一项得分最低。

王老师说，这个女下属"当时找我时很激动，觉得自己带的这5个人人品太差了，自己这么拼死拼活地照顾他们，竟然给自己打这么低的分数"。

事实上，不是这5个人的人品低，而是她将自己当作"保姆"，家务事全部承包下来的作风让团队成员失去了自我成长的满足感，自然对她管理水平的直观感知就不高了。

很多刚上任的主管认为，管理员工就是帮助员工解决问题，完成公司安排的任务。于是在员工遇到困难的时候，我们会说，"没关系，我来""我可以帮你做这件事""放心地把这件事交给我吧"……这时候似乎我们成了下属的助手。这种管理方式就是出现了角色本末倒置的现象，显然是错误的。

要成为真正的主管，不要什么问题都大包大揽，替员工解决，达到完成任务的目的，而是要教会他们解决问题的方法，让他们获得成长，拥有自主解决问题的能力。我们一定要知道，作为团队主管"授人以鱼不如授人以渔"。

 **参考书目**

1. 樊登.可复制的领导力［M］.北京：中信出版社，2017.

2. 沧海满月.世界顶级思维［M］.江西：江西人民出版社，2017.

3. 舒娅.心理学入门［M］.北京：中国纺织出版社，2018.

4. 林国峰.上任第一年［M］.广东：广东经济出版社，2020.

5. 李金水.世界500强工作法［M］.江西：江西人民出版社，2017.

6. 知乎网站.https://www.zhihu.com/question/23094258/answer/1441635999.

# 第三章

# 通过别人来完成任务

管理的定义包含两点：一是完成任务，二是通过别人。只要符合这两点，他就是一个管理者。即使一个普通的牧羊人，只要有办法让别人帮他放羊，他就是一个管理者。

"樊登读书会"的创始人樊登曾经在读书会上讲过他的一段经历。有一次，樊登到海尔集团讲课，台下有一个学员问"怎样才能让手下人心服口服"？樊登让在场的其他学员回答，其中有名学员的答案是：要做什么都比手下人强。

估计这个答案代表了大部分团队管理者的心声。"做什么都比手下人强"是常见的管理者思维，但细想，这种思维也只是在职位相对较低时才有可能做到，比如车间主任、分厂厂长，这些团队主管从基层做起，熟悉每个工种，能力出色，于是到一定阶段，工厂将其提拔上来担任一定的职务。但当我们带领的团队越来越大时，"做什么都比手下人强"就只是一种理想。想想海尔集团的总裁，手下人数以万计，有无数的工种和团队，如果他有这样的思维，那不是把自己累死，就是把海尔"玩"死！管理者对自己的定位非常重要，对"通过别人来完成任务"的理解就更加重要。

## 一、不懂带团队，你就自己累

作为管理者，要扮演好带队者的角色。有人说，带队者应有"平常时段，看出来；关键时刻，站出来；生死关头，豁出去"的素养。"平常时段，看出来"，是个人素质、潜在能力和品质的体现；"关键时刻，站出来"，是勇气、原则和实力的展现；"生死关头，豁出去"，是一种勇于奉献和敢于牺牲的精神。很多人在关键时刻丧失领导力的原因就是：要求下属"照我说的去做"，而不是"照我做的去做"，在关键时刻不能坚持原则，更没有勇气和实力站出来，也就是不敢说"听我的！"

管理者的行为，将影响追随者和身边的每一个人。追随者会被一种称为"示范"的学习过程影响。这种影响在平时是潜移默化的，也许不会被清醒地认识到，可在关键时刻却是非常强烈的。

有一个著名的寓言：春秋时期，一位晋国人想到南方的楚国去，他的马够快，车够结实，带的粮食也够多，可惜，他的方向错了，南辕北辙，结果愈行愈远。

很多管理者就像这个晋国人一样，不是没有行动能力，而是找不到正确的前进方向。当大家为何去何从不知所措时，管理者的作用就显示出来了。身为管理者，我们的主要工作任务就是告诉追随者们应该朝哪个方向前进，应该选择哪一条路，在这条路的前方，有怎样的风险和利益……在必要的情况下，我们还应该走在队伍的前面。在大家四顾茫然的关键时刻，一声"跟我来"，就像一支强心针，能使团队士气大振，并形成一股强大的冲击力。

1942 年，随着"二战"局势的变化，盟军与德军的战场逐渐转移到北非。盟军最优秀的将领之一——巴顿将军意识到自己的部队可能无法适应北非酷热的气候。一旦移师北非，盟军士兵的战斗力就有可能随着酷热的天气而减弱。

战争不会随着人的意志而转移，摆在盟军面前的只有一条路，那就是适应。为了让部队尽早适应战场变化，巴顿将军建立了一个类似北非沙漠环境的训练基地，让士兵们在 48℃的高温下每天跑 1 英里（约 1.6 千米），而且只给他们配备一壶水。巴顿将军的训练演说词就是："战争就是杀人，你们必须杀死敌人；否则他们就会杀死你们！如果你们在平时流出 1 品脱（约0.473 升）的汗水，那么战时你们就会少流 1 加仑（约 3.785 升）的鲜血。"

虽然人人都意识到战争的残酷性，但酷热的天气还是让许多士兵暗地里抱怨不已。巴顿将军从不为训练解释，他以身作则，和士兵们一起在酷热的环境中坚持训练。当士兵们看到巴顿将军每次都毫不犹豫地钻进闷罐头一样的坦克车中时，再多的怨言也只能变成服从。

显然，巴顿将军把自己当作一个普通士兵，在这个角色上，他以完美的职业军人精神树立了典范，起到了榜样作用。在他榜样的作用下，整个军队的训练进行得非常顺利。正是有了这样的训练，在随后的北非战场上，巴顿将军的部队迅速适应了沙漠环境，以较小的代价一举击败德军，取得重大胜利。

团队也就是军队，管理者也必然是像巴顿将军一样，成为具有强大影响力的带队者，才能促进团队成长。不懂带团队，不能促进下属成长，管理者就只能自己干到老、累到倒。

卓越的团队必然是一个积极的、开放的、沟通顺畅的组织，这些优秀的组织更趋向于积极地经营、管理和运用员工的天才和潜能。他们将许多精力放在识别员工的潜力方面，根据他们的个体差异，有针对性地提供专门培训，竭尽全力促进他们成长。所以管理者一定不能把所有工作都揽到自己身上，要学会通过别人来完成任务。

## 二、带下属前，别忘考察人

用人如器，各取所长。对待不同类型的下属，可采取不同的带人之道，使他们克服短处，发挥长处，为团队今后的发展增添人力资本。

在这里，实际上提出了"带人的前提在于察人"的问题，做到既要察人所长，用人之长，又要察人所短，因人而用。

对一个人才来说，性情是天生的。但作为管理者，应能"巧夺天工"地运用人才，使之既显其能，又避其短。以下是 10 条察人的经验之谈：

性格刚强却粗心的下属，不能深入细致地探求道理，因此他在论述大道理时，就显得广博高远，但在分辨细微的道理时就容易粗略疏忽。这种人可委托其做大事。

性格倔强的下属，不能屈服退让，谈论法规与职责时，他能约束自己并做到公正，但说到变通，他就显得僵化顽固，与他人格格不入。这种人可委托其立规章。

性格坚定又有韧劲的下属，喜欢实事求是，因此他能把细微的道理揭示得明白透彻，但涉及大道理时，他的论述就过于直露单薄。这种人可让他办具体的事。

能言善辩的下属，辞令丰富、反应敏锐，在谈论工作情况时，见解精妙而深刻，但一涉及根本问题，他就说不周全容易遗漏。这种人可让其做谋略之事。

随波逐流的下属，不善于深思，当他安排关系的亲疏远近时，能做到有豁达的胸襟，但是要他归纳事情的要点时，他的观点就疏于散漫，说不清楚问题的关键所在。这种人可让他做低层次的领导工作。

见解浅薄的下属，不能提出深刻的问题，当听别人论辩时，由于思考的深度有限，他很容易满足，要他去核实精微的道理，他又反复犹豫没有把握。这种人不可大用。

宽宏大量的下属，思维不敏捷，谈论精神道德时，他的知识广博，谈吐文雅，仪态悠闲，但要他去紧跟形势，他就会因为行动迟缓而跟不上。这种人可用他去带动下属的行为举止。

温柔和顺的下属，缺乏强硬的气势，让他去体会和研究道理就会非常顺利通畅，但要他去分析疑难问题，他就拖泥带水，一点也不干净利索。这种人可委托他根据上级意图办事。

喜欢标新立异的下属，潇洒超脱，喜欢追求新奇的东西，在制定锦囊妙计时，他卓越的能力就显露出来了，但要他按部就班地做事，却会发现他办事不合常理又容易遗漏。

性格正直的下属，缺点在于喜欢斥责别人而不留情面；性格刚强的下属，其缺点在于过分严厉；性格温和的下属，其缺点在于过分软弱；性格耿直的下属，其缺点在于过分拘谨。这四种下属的性格特点都要主动加以克服。所以可将他们安排在一起，借以取长补短。

金无足赤，对人才不可苛求完美，任何人都难免有些小毛病，只要无伤大雅，何必过分计较呢？最重要的是发现他最大的优点，以及能够为团队带来怎样的利益。

苹果电脑公司创始人乔布斯主张对人实行功能分析："能"，是指一个人能力的强弱，是长处短处的综合；"功"，是指这些能力是否可转化为工作成果。

宁可使用有缺点的能人，也不用没有缺点的平庸的"完人"。

## 三、团队成员的九种角色

要想有效地运作，一个团队需要三种不同技能类型的成员：一是需要具有技术专长的成员；二是需要具有解决问题和决策技能，能够发现问题，提出解决问题的建议，并权衡这些建议，然后做出有效选择的成员；三是需要若干善于聆听、反馈、解决冲突及其他人际关系技能的成员。

如果一个团队不具备这三类成员，就不可能充分发挥其潜能。对具备不同技能的人进行合理搭配是极其重要的。一种类型的人过多，另外两种类型的人自然就少，团队绩效就会降低。但在团队形成之初，并不一定需要以上三方面的成员全部具备。在必要时，一个或多个成员去学习团队所缺乏的某种技能，从而使团队充分发挥其潜能的事例并不少见。

一般而言，如果成员的工作性质与人格特点一致，其绩效水平容易提高。工作团队内的位置分配有方，也可以达到这样的效果。团队有不同的需求，挑选团队成员时，应该以员工的人格特点和个人偏好为基础。

高绩效团队能够给员工适当地分配不同的角色。例如，长期使球队保持赢球的篮球教练知道如何挑选富有前途的队员，能识别他们的优势与劣势，并把他们安排到最适合他们才能的位置上，使他们能为球队做出最大贡献。这种教练能够认识到，一个取胜的球队需要有多种技能的球员，如控球手、强力得分手、外线投手等。成功的球队具有能够胜任关键位置的球员，并能在了解球员的爱好的基础上，把他们分配到各个位置上。

有研究证明，人们在团队中喜欢扮演九种潜在的角色。具体如下：

**1. 创造者、革新者：产生创新思想**

这种人富有想象力，善于提出新观点或新概念。他们的独立性较强，喜欢自己安排工作时间，按照自己的方式和节奏进行工作。

**2. 探索者、倡导者：倡导和拥护所产生的新思想**

他们乐意接受、支持新观念，在创造、革新者提出新创意之后，他们擅长利用这些新创意，并找到资源支持新创意。这种人的主要弱点是，他们不一定总是有耐心和控制才能来使别人追随新创意。

**3. 评价者、开发者：分析决策方案**

他们有很高的分析技能，在决策前，如果让他们去评估、分析几种不同方案的优劣，是再合适不过的了。

**4. 推动者、组织者：提供结构**

他们喜欢制定操作程序，使新创意成为现实。他们会设定目标，制订计划，组织人力，建立起各种制度，以保证按时完成任务。

**5. 总结者、生产者：提供指导并坚持到底**

与推动者、组织者相似，他们也关心活动成果。但他们的着眼点主要在于：必须坚持、按时完成任务，保证所有的承诺都能兑现。他们引以为荣的事情是：自己生产的产品合乎标准。

**6. 控制者、核查者：检查具体细节**

这种人最关心的事情是规章制度的建立和贯彻执行，他们善于核实细节，并保证避免出现任何差错。

**7. 支持者、维护者：处理外部冲突和矛盾**

这种人对做事的行为方式有强烈的信念，他们在支持团队内部成员的同时会积极地保护团队不受外来者的侵害，他们对团队而言非常重要，因为他们能够增强维护团队的稳定性。

### 8. 汇报者、建议者：寻求全面信息

他们是冷静的听众，而且不愿意把自己的观念强加于人，他们愿意在作出决策之前得到全面的信息。因此，他们鼓励团队在作出决策之前充分搜集信息，而不是匆忙下决策。

### 9. 联络者、合作者：综合协调

最后一种角色与其他角色有重叠，上述八种角色中的任何一种都具有承担这种角色的可能。联络者倾向于了解所有人的看法，他们是协调者，是调查研究者。他们不喜欢走极端，而是尽力在所有团队成员之间建立起合作关系。他们认识到，其他团队成员可以为提高团队绩效作出各种不同的贡献。尽管成员之间可能存在差异，他们会努力把人和活动整合在一起。

如果强迫人们去承担以上各种角色，大多数人能够承担得起任何一种角色，但人们非常愿意承担的通常只有两种。管理人员有必要了解下属能够给团队带来贡献的个人优势，根据这一原则来选择团队成员，并使工作任务分配与团队成员偏好的风格相一致。通过把个人的偏好与团队的角色要求适当匹配，团队成员就可能和睦共处。

## 四、任用比自己更强的人

美国钢铁大王安德鲁·卡内基曾经亲自预先写好他自己的墓志铭："长眠于此地的人懂得在他的事业过程中任用比他自己更优秀的人。"

汉高祖刘邦平定天下之后，在洛阳的庆功宴上就曾说过这样的话："夫运筹帷幄之中，决胜千里之外，吾不如子房；镇国家，抚百姓，给馈饷，不绝粮道，吾不如萧何；连百万之众，战必胜，攻必取，吾不如韩信。三者皆人杰，吾能用之，此吾所以取天下者也。项羽有一范增而不能用，此所以为我擒也。"群臣听后，无不信服。

刘邦是很有自知之明的，他知道自己不是全才，也知道自己在很多方面

不如自己的下级，他之所以能打败不可一世的楚霸王项羽，一统天下，是因为重用了一些在某些方面比自己能力更强的人，而恰恰是在这一点上，刘邦表现出了一个统帅最值得称道的能力。

汉高祖刘邦是平民出身，字不识几个，但他用人的本事却是自古以来就为人所称道的。正如他自己所说，论起文韬武略，他的确不如张良、萧何、陈平、韩信等人，但他却能够用好这些比自己强的人，而且个个都是尽其所能，用其所长，所以他才能在并不占优势的情况下战胜项羽，开创汉家江山。

打天下夺江山如此，团队管理也是如此。

意大利首屈一指的菲亚特汽车公司曾是世界 10 大汽车公司之一。谁也不会料到这家赫赫有名的公司，在 20 世纪 70 年代竟是个面临倒闭的公司，它年年亏损，经历了历史上最不堪回首的日子。

面对这种困境，菲亚特集团老板艾格龙尼大胆任用强过他的维托雷·吉德拉，任命他为汽车公司总经理，将公司全权交给他独立经营。

吉德拉管理才华出众、平易近人，具有不屈不挠而又吃苦耐劳、脚踏实地的性格。吉德拉上任后，果然出手不凡，大刀阔斧地进行了一系列行之有效的改革。在吉德拉的整治下，菲亚特汽车公司很快摆脱了困境，提高了劳动生产率，终于使汽车销售量达到了欧洲第一，吉德拉本人也由于经营有方而闻名，被人们称为欧洲汽车市场的"霸主"。

成功的领导者都有一种特长，就是善于借用人才，并能够用比自己更强的人才，激发更大的力量。这是成功领导者最重要的、也是最宝贵的优点。

有的管理者十分害怕优秀的人加入自己的团队，甚至害怕优秀的人被招聘到同一职能的其他团队，实在拦不住时就孤立、不合作，直至把后者排挤到别的部门去，以除后患。但是，只用比自己能力弱的人并保持这样状态的团队还能进步吗？还有什么机会建设自己的领导力呢？这种狭隘的做法既损害了公司的利益，也损害了团队的长远利益。

对于团队领导者来说，嫉贤妒能无异于是自掘坟墓。我国著名的文学家韩愈曾在他的传世名篇《师说》中讲道："师不必贤于弟子，弟子不必不如师。闻道有先后，术业有专攻。"其中的道理同样适合于团队中的管理者和员工之间，我们不必样样都比下属强，我们要做的就是用好这些比自己强的人。

 **参考书目**

1. 丁兴良 . 不懂带团队，你就自己累 [M].上海：立信会计出版社，2014.

2. [比利时] 路易斯·卡夫曼 . 若水，译.不懂带人，你就自己干到死 [M].北京：中国友谊出版公司，2018.

3. 彦涛 . 不懂带人，就当不好经理 [M].上海：立信会计出版社，2016.

# 第四章

# 人心至上，带团队就是带人心

　　人在一起叫团伙，心在一起叫团队。日本经营之圣稻盛和夫有一套著名的管理哲学——心法。稻盛和夫从一个经营者的角度，把经营企业的哲学回溯至人生乃至宇宙万物的原点去思考，他从人类存在、生存价值、宇宙、造物主这些宏大而又略显抽象的内容谈起，一步步逼近对人的本性的反思，进而推论出人应当怀着利他之心磨炼自己的心智，提升自己的人生境界，赢得经营的成功。

　　为什么稻盛和夫认为心法重要呢？因为只有心对了，事情才能做对。人心是一个人的意愿、感情、思想活动。人性是人在社会环境中，为人处世的心理属性。人心、人性分别决定了一个人对待一件事情的本源认知和行为反应。如果我们在管理团队时，不了解下属的心理情况和行为反应，那我们的管理方法是不可能做到因人而异的。

　　管理永远是与人打交道，"懂得他的心，并直接攻击他的心"，我们就掌握了开启管理大门的钥匙。

## 一、霍桑效应

　　1924 年，美国西屋电气公司霍桑工厂为了提高员工的工作效率，想方设法地完善工厂中员工工作的各种设施，这包括工厂的机器设备、医疗制度、娱乐设施等，但工作的员工仍然有不同程度的抱怨，生产状况也没有得到明显改善。

为了进一步寻找提高工作效率的方法，美国国家研究委员会组织了一个心理学家团队进行有针对性的研究。这样，由哈佛大学心理专家梅奥带领的研究小组进驻霍桑工厂。

梅奥和专家团队的初衷是探讨一系列控制条件（如薪水、车间照明度、湿度、休息间隔等）对员工工作表现的影响，试图找到提高劳动生产率的途径。于是团队选取了 6 名继电器车间的女工作为观察对象，通过改变照明、休息间隔、工资福利等外部因素后，他们发现这 6 名女工的工作效率有很大提高。但诡异的是，他们将同样的外部因素应用到其他员工身上时（这些员工提前未被告知参与试验），工作效率并无变化。

为了找到其中的原因，梅奥和团队成员在约两年的时间内找工人们谈话 2 万余次，这就是著名的"谈话实验"。团队成员曾专门找个别工人进行谈话，并且在谈话的过程中，实验人员认真、仔细地倾听员工所叙述的内容，期间无论工人们抱怨什么，倾听的人员都不会立刻反驳对方，目的是让他们尽情地宣泄出来。另外，在倾听的过程中，做好详细的记录，实验结果令人感到非常惊讶：该厂的工作效率得到了大幅提高。

梅奥对这一现象得出的结论是：工厂的工作效率长期得不到提高的根源，并不是工厂的硬件设备落后，而是人们长期以来对工厂管理制度及薪资待遇等方面的诸多不满造成的，人们无处发泄，便只能进行消极抵抗。

后来，人们把梅奥这个实验里出现的奇妙现象称作"霍桑效应"。"霍桑效应"为我们揭示了两个有趣的人性：

### 1. 当一个人意识到被关注，就会刻意做出改变

当 6 名女工被抽选出来成为一个小团队时，她们就意识到自己是特别的，是受到关注的。这种被需要、被关注的感觉，会让她们加倍努力工作，以证明自己是优秀的，外部环境因素的影响几乎都被忽略了。因此，我们在做团队管理时，不能让下属或团队成员觉得自己没有被关注到，而是要通过一定的言行让他们意识到我们很关注和在意他们。这么做了之后，即使我们

没空检查他们的具体工作内容，他们也会干得很不错的。

### 2. 情绪被宣泄后，工作效率更高

人们的情绪通过吐槽抱怨等得到发泄后，工作效率能够极大地提高。这也是为什么霍桑效应有时又被称作"宣泄效应"的原因。因此，我们在做团队管理时，不能压制着不让下属或团队成员说话，这样只会让他们的工作效率越来越低。恰恰相反的是，我们要创造一些渠道，让下属将不满、牢骚、抱怨适时发泄出来。像松下公司给所有的下属企业专门设置的"出气室"，华为用于让员工吐槽、投诉的"心声社区"，就是很好的管理实践。

## 二、顺应人性才是好的管理

对于一个优秀的管理者来说，要想让自己管理的团队创造更大的效益，就必须在人的内心上花费更大的精力与时间，就像美国著名的管理者艾柯卡（克莱斯勒汽车公司前总裁），觉得自己最有用的知识，是在大学心理系中所获得的知识。一个管理者首先应当是一位心理学家。

为什么很多优秀的企业，员工福利并不是很好，但员工的敬业度和忠诚度却很高？而在有的事业单位，员工工资很高，可员工的敬业度和忠诚度却很低？

为什么不同的企业，或许是同样的员工，而员工的敬业度和忠诚度却不一样……

对于许多管理者来说，有一个难以想象却真实存在的事实，那就是深藏在心灵深处，往往被人们忽略的人性，这是许多管理问题的背后原因所在。

如果管理者在制定政策、制度时，不从最基本的人性出发，不尊重员工，激起员工的逆反心理，那么，员工的工作积极性、创造性，会发挥到何种程度？员工的潜能会释放到何种程度？创造的价值会有多大？这样的企业或团队会得到发展和壮大吗？

中国式管理大师曾仕强先生说："人天生是不喜欢被管，有人管就觉得不自在。""顺着人性的需求来管理，可提高效益。"

在 Google 独特的公司制度当中，20% 的"员工自由时间"最为称道。这个制度让 Google 在条件许可的范围内，最大限度地把工作变成一种兴趣，在 Google 工作的人，感觉不像是在一家公司上班，更像是在一所大学或研究机构做有趣的研究。而 Google 则可以从这些自由员工的大脑中，源源不断地提取新的创意和新的商业计划。你会发现，Google 的做法实在是太聪明了。Google 的聪明在于，其知道即使不给员工自由时间，员工也会想办法偷懒，与其偷偷摸摸，弄得两边都不爽，何不让员工公开地、自由地支配一小段时间？更重要的是，员工的感受会完全不同，有了 20% 的自由时间而不是 20% 的偷懒时间，他感到自己被尊重，他感到自己在为兴趣工作。

因此，了解人性，尊重人性，顺应人性，学会从员工的角度看世界，永远是一个成功的管理者不可或缺的心灵智慧。而顺应人性的管理也才是最好的管理。

## 三、员工无好坏，主要看引导

有人将人的本性比喻成一处田园，那么，本性的善恶，就是这片田园的善恶种子，都会生根发芽。但我们可以通过后天的手段（如法治）来拔除恶种子生长出来的恶之花，利用浇水施肥的方法（如教化）来培植善种子生长出来的善之花。除了极少数的情况外，就可以让绝大多数心性田园，都开满了善之花。

管理者应立足本心，照顾善念，顺应和激励人性中最高贵的一面。

张胜利是东北一家油田的中级管理者。他在刚开始负责炼化含油污水处理站时，发现站内员工对机器设备非常不爱惜，导致设备的故障率非常高，频频发生事故。这些问题不但会耽误工作，给管理站带来损失，而且如果出现重大事故，还会威胁员工的生命安全。

怎么办呢？张胜利和站内的其他管理者们一起商量办法，最后认为，仅靠硬性规定难以让员工做到爱护和高效使用机器设备。张胜利想，员工并不是存心破坏设备的，他们只是缺少积极性，如果将员工的积极性调动起来，就能解决问题。于是，张胜利和站内的管理者们想出了一个办法：建立机主小档案。也就是让员工把自己的姓名、年龄、星座等个性化的资料，贴在自己所管理的机器设备上，同时附上自己的爱好、人生格言以及生活照片——最好是和家人的合影。

实行这个办法以后，员工的状态马上变了个样，一下子觉得这些设备和自己有了最亲密的关系，开始主动爱护机器设备——员工的积极性也就被发掘出来了。

这个办法还有一个更巧妙的地方，他们要员工对自己负责的机器写上一句心里话。于是，有的员工写的是"爱护你，就像爱护我的容颜"；有的写"你的安全，是我最大的幸福"……这些发自肺腑的话，让员工们展示了自己美好健康的一面。此后，管理站设备的故障率明显降低。

智慧的管理者能够发掘出员工的自觉性，让员工积极主动地工作。最高明的管理不是如何制定规章制度，而是从人性出发，发掘员工本性中积极向上的那一面。

## 四、让下属从内心感到快乐

我们在管理过程中不能只盯进度要结果，把下属当工具，这样是拿不到我们想要的结果的。人的心态、情绪是影响工作的重要因素。所以当我们在使用管理工具时，一定要注意下属和自己的心态。如果出现方法都对但结果就是不行的情况，就要看看下属的心态是不是出了问题。很多时候，业务执行不到位，都是人的心态出了问题。

"我要快乐！"相信这是所有人的心声。"在讲究生存质量的现代社会，工作不仅是谋生手段，人们还要从中找到成就，找到快乐！快乐地工作，快乐地生活，才是我们工作的目的。"

马云的亲和是跟他接触过的人对他的一致评价。曾经有一个年轻员工说："马云和所有的人都没有距离，这是让人最吃惊的。""只要他有时间，就会深入到普通员工中去，跟他们聊天谈心。每年年终晚会，马云还会扮成少女与大家一起翩翩起舞。"如此快乐的工作氛围是阿里巴巴吸引人的关键。

在阿里巴巴，员工可以穿旱冰鞋上班，也可以随时去马云的办公室，马云说："人有一样东西是平等的，就是一天都有 24 小时。不快乐的工作就是对自己不负责任。"

从管理的角度来看，员工就是公司的内部客户，必须先服务好员工，让他们感受到心灵的快乐，一想到工作就觉得开心、快乐、喜悦，愿意并且能够在企业的平台上不断成长，在工作中获得超越工作本身的价值与意义。

阿里巴巴创业时期的员工直到今天没有一个人离开。别的公司出 3 倍薪水，员工也不动心。马云不靠高薪留人，却曾自信地说："天下没有人能挖走我的团队"。"在阿里巴巴工作 3 年就等于上了 3 年研究生，他将要带走的是脑袋而不是口袋。"

金钱能够留住人却留不住心，因此阿里巴巴每年至少要把五分之一的精力和财力用于改善员工办公环境和员工培养。

工作的目的不仅仅是生存，而是通过工作（事业）有成就感。马云认为，员工工作的目的包括一份满意的薪水、快乐地工作和一个好的工作环境。其中最重要的就是在企业中能快乐地工作。"我们阿里巴巴的 Logo 是一张笑脸。我希望每一个员工都是笑脸。"

马云说："优秀的团队不在于拥有多少个 MBA，而是你的这个团队快乐与否。我希望我的团队都是像疯子一样去工作，虽然很辛苦，但是会很快乐，因为他们在做自己喜欢的事情。这个很重要。"

任何人长期在严格、压抑的环境下工作，都会逐渐丧失激情和创造力。快乐管理是为了提高员工的工作幸福感而提出的一种新的管理模式。只有工作快乐的员工，才能为顾客提供最卓越的服务，为团队创造更大的利益。

## 五、要尊重，不要压制

在强调管理的时候，我们喜欢引用"没有规矩不成方圆"这句话，但我们忽视了一个事实：如果人的积极性未能充分调动起来，规矩越多，管理成本越高，所以说，管理最起码的一条规矩就是要尊重个人。

"尊重个人"，这句口号早在 100 多年前，也就是 1914 年老托马斯·沃森创办 IBM 公司时就已提出，小托马斯·沃森在 1956 年接任公司总裁后，将该口号进一步发扬光大，上至总裁下至传达室，无人不知，无人不晓。IBM 公司的"尊重个人"既体现在"公司最重要的资产是员工，每个人都可以使公司变成不同的样子，每位员工都是公司的一分子"的朴素理念上，更体现在合理的薪酬体系、能力与工作岗位相匹配、充裕的培训和发展机会、公司的发展有赖于员工的成长等方方面面。

管理，尤其是对人的管理，有时会过多地强调"约束"和"压制"，讲大道理。事实上，这样的管理适得其反，没人肯听，没人愿意服从。聪明的公司和管理者已经意识到这一点，开始在"尊重"上下工夫，了解员工的需要，然后满足他们。

惠普中国公司原副总裁曾说过：一个好的公司和好的管理者始终牢记这一条，他的职责是帮助员工成功，如果管理者用权力欺压员工，就不是一个称职的管理者，至少不是一个具有现代意识的管理者。管理者最重要的事情是要用他的权力、他的专长、他的影响力来帮助员工成长。管理者不能让自己手下的员工不断地失败，也不能不断地炒员工的鱿鱼。

让管理者使人觉得亲和，让管理者与员工心理距离拉近，让管理者与员工彼此在无拘无束的交流中互相激发灵感、热情与信任，这样的理念在优秀的企业家心中越来越达成共识。有位专栏作家参观英特尔公司时，看到当时英特尔的首席执行官葛鲁夫的格子间与员工的格子间一样大小后，很尖刻地指责葛鲁夫这种做法是虚伪的，葛鲁夫却回答说，他这样做的理由是不想让权力放大，给员工造成心理压力，以便能更好地与员工进行交流。

要让管理者真正亲和于员工，不仅表面上要与员工拉近距离，还要真正关心员工，不单是关心员工的家长里短，更重要的是关心员工的前途和未来，包括员工的薪水和股票，也包括员工学习机会、得到认可的机会和得到发展的机会。

对人的尊重还包括对不同思想的容忍。百分之一百的求同思维，常常让创新之苗过早夭折。作为管理者，如果不能容人，只喜欢提拔那些想法、做法和自己一致的人，那么当你的周围聚集的都是思维相似的人，你就很危险了。因为当我们遇到困难时，他们的想法和做法都和我们一样，并不能帮我们。

日本企业界权威人士土光敏夫曾经为日本经济振兴做过巨大贡献，特别是在他后半生里更是宝刀不老，业绩斐然，就是得益于其尊重员工的领导作风。土光敏夫就任东芝社长时，已是68岁高龄，可是他不辞辛苦，遍访东芝各地工厂和营业所，同许许多多的员工交谈，乐此不疲。

一次，他到了川崎的东芝分厂，厂里的职员说："历任社长从未来过，如今土光社长一来，员工们干劲大增。"他在总部的办公室完全对员工开放，欢迎他们前来讨论问题。刚开始时，员工们还不够踊跃，但他耐心等待，半年之后就变得门庭若市。

如果员工作为个体受到了管理者的尊重，自我发展和自我实现的欲求得到了重视和满足，他们就更愿意用心工作，更愿意接受管理者的加班要求，更有效率地完成管理者的指令。

尊重员工是人性化管理的必然要求，只有员工的私人身份受到了尊重，他们才会真正感到被重视、被激励，做事情才会真正发自内心，才愿意和管理者打成一片，站到管理者的立场，主动与管理者沟通想法探讨工作，完成管理者交办的任务，心甘情愿为工作团队的荣誉付出。

尊重员工就是给予员工一个私人的空间，即使是在上班时间。作为管理者不可以也不可能每时每刻都在员工的身边监督，我们所能做的就是指导帮助员工学会时间管理，利用好自己的时间，做好自己职责范围内的工作规划和计划，做好自己的发展计划，用计划和目标管理员工。

尊重员工就是让员工学会对工作负责，自己主动承担工作，提高自我管理水平。在尊重的基础上，员工将沿着依赖—独立—互赖的发展过程有序地发展提高，最终满足员工自我实现的欲求，达到团队合作，共谋发展。

　　人性化的管理就要有人性化的观念和人性化的表现，最为简单和根本的就是尊重员工的私人身份，把员工当作一个社会人来看待，让管理从尊重开始。

 **参考书目**

1. 郑小兰. 改变一生的 60 个心理学效应 [M]. 北京：中国青年出版社，2010.

2. 彦涛. 不懂带人，就当不好经理 [M]. 上海：立信会计出版社，2016.

3. 马妍姝. 用心管人 [M]. 北京：电子工业出版社，2010.

# 第五章

# 用目标管人，不要用人管人

什么是目标？目标就是我们对未来要去的地方或要达到的目的的设想。大到国家，小到公司与个人，都有目标。对公司来说，大的目标有使命、愿景，小的目标有周目标、日目标。只有有了目标，我们才能知道往哪里前进，前进多少，团队力量才能真正聚合在一起，而不是一盘散沙。所以，作为团队管理者，定目标是最核心的工作之一。

管理学大师彼得·德鲁克在《管理的实践》一书中说："企业管理说到底就是目标管理。"目标管理贯穿整个企业内部的各个层级，对每个成员都能起到积极作用。目标管理就是要从目标层面调动团队各成员的工作积极性，完成共同的使命。如图 5-1 所示。

| 时间维度 | 任务 | 关键 | 层级维度 | 职责 |
|---|---|---|---|---|
| 使命愿景 | 看十年 | 企业的定位、生存的目标，承担的责任 | 公司目标 | 做正确的事 |
| 战略目标 | 定三年 | 可执行，具有持续性，在于取舍 | 首席执行官 | 做正确的事 |
| 年度目标 | 干一年 | 具体指标、策略、组织建设、变化 | 副总裁 / 总监 | 正确地做事 |
| 季度目标 | 干一年 | 分阶段的策略落地，月度目标的完成 | 经理 | 正确地做事 |
| 月度目标 | 干一年 | 实施计划、过程监控 | 主管 | 正确地做事 |
| 周 / 日目标 | 干一年 | 简单、具体、过程可追溯 | 员工 | 正确地做事 |

（左侧竖排：越往上越要激励人心）（中间竖排：发展路径）（右侧竖排：越往下越具体可执行）

图 5-1  公司内不同层级的目标和关键点

一个团队没有了目标，就像一群无头苍蝇很难体现在组织中的价值。所以，管理者一定要在带领团队的过程中坚持以目标为导向。

# 一、把工作任务变成目标

作为团队主管，我们必须善于把任务变成目标，懂得完成任务的深层次的目的是什么，不要为完成任务而完成任务。因为表面上的完成任务很可能没有任何意义，这样不但对公司的发展毫无益处，就是对你个人的发展来说，也绝对不会有任何的促进作用。

如何才能把任务变成目标呢？

首先，必须对自己的工作职责有非常深刻的理解，懂得工作的目的何在，要究其深层次的本质，而不是盲目地按照规定，按照要求去做。其次，要对每一件工作付出足够的关注，不要随大流，泛泛地去完成任务，要记得结果导向，把每一件工作任务都变成目标来完成。最后，长此以往，我们就能够形成习惯，善于把任务变成目标了。

在某民营医院里，一位刚上岗不久的护士发现一位急需做心电图的病人行动不便时，她立即想办法把检查设备搬到病人床边进行。就在同事责怪她的行为违反了医院的规定时，这一切刚好被查房的院长看到了，院长出人意料地表扬了这名护士，并提名她为副护士长的候选人。对此，院长解释说："医院不需要机械照搬制度的护士，一切以病人的病情为重，只要病人需要，护士可以自行决定是否需要挪动某种仪器，搬到病房里去进行检查。这一点不需要向上级申请，就算以前没有这样的先例，她们可以这样做，而且医院将支持她们的这种行为。"

无疑，这位护士对自己的工作职责非常了解，而且她深刻地认识到自己工作最深层次的目标是一切为病人服务，以病人的情况为重，所以她虽然没有按规则来办事，但她却把任务变成了目标，她的行为比别人更接近于工作的实质，她的行动自然会受到院长的好评。

由此可见，这种能变任务为目标的人，无论在什么行业都会受到欢迎，都会受到重用的，都会从岗位上脱颖而出。

## 二、目标是对行动的承诺

工作是一项目的性非常强的活动，制定明确的目标，落实各自的责任，进而保证目标顺利达成，最终才能实现企业的效益。企业之间的竞争日趋激烈，要使企业永远立于不败之地，就必须在工作中明确责任，保证高绩效。

没有目标的行动就毫无意义可言。如果团队在工作时没有明确的目标，就失去了奋斗的方向，这样自然不利于提高工作速度，高绩效也就成了镜花水月。如果你想让现有的效率实现突破，达到更高的水平，就必须明确自己的目标。

目标是本，任何一项工作都必须以目标为中心，实际也就是明确自己在工作中的责任。它是一种"行动的承诺"，有助于保证工作速度，藉以达成团队的使命，它同时又是一种标准，可以作为检验行动绩效的重要标准。对于一个团队来说，只有把注意力凝聚在目标上，才能清楚地懂得自己应该做什么，应该怎样做，并能准确评价工作质量。团队管理者只有了解了这些，才能更好地完成工作任务。

## 三、设定目标的 SMART 原则

关于目标，飞利浦 CEO 万豪敦曾经说过："设定目标并不困难，如何找到一个有实践意义的目标却不容易。而且，要想实践这个目标，还需要征得团队中每个人的赞同，做到这一点是最困难的，毕竟众口难调，一个人有一个人的想法。"

对于目标的设定，管理学界有一个 SMART 原则，即目标必须是明确具体的（Specific）、可量化的（Measurable）、可达到的（Attainable）、与其他目标具有一定的相关性（Relevant）、有时限性（Time-bound）。无论是制定团队的工作目标还是员工的绩效目标，都必须符合上述原则，五个原则缺一不可。

### 1. 明确具体的目标

明确具体是指目标要用清楚的语言清晰地说出团队要完成的行为标准。目标只有明确具体，团队成员才能正确地理解，才能知道怎样操作。简单来说，就是指公司总的销售额、团队的销售额、个人的销售额、目标完成时间、责任人是谁、公司和主管可提供的资源及支持等要素都必须明确具体，并且这个目标能够有效地传达给所有成员，大家都能理解并且接受。

### 2. 可量化的目标

目标可量化，是指有一组明确的数据能够衡量目标是否达成。例如，某个销售团队每月的绩效目标是 100 万元，如果团队只完成了 85 万元，就没有完成任务。这个目标就是量化的。

### 3. 可实现的目标

制定目标的最终目的是达到目标。如果制定的目标不被团队成员所接受，那么管理者制定出的目标就是一个摆设，就是无效的。要想每个成员都能接受制定的目标，就需要保证两点：这个目标是可以实现的；在传达的过程中应该做好沟通工作。制定目标的时候，主管要考虑团队每个成员的能力，根据他们的能力和优势，制定合适的目标。

### 4. 目标的相关性

世间所有事物都不是孤立存在的，相互之间都有一定的关联性。目标也是如此。在制定团队目标时，管理者必须综合考虑市场、竞争对手、产品竞争力、消费者消费习惯等因素，客观、全面地看待问题，以确保制定的目标符合实际情况。

### 5. 目标的时限性

设定目标，是为了完成目标。什么时候完成目标？这就涉及具体的时间要求。比如，我们明确提出，到本年度 12 月 15 日团队绩效必须提升 15%，这样的目标才真正具有指导和管理作用。

## 四、总目标为分目标之和

团队在设定目标的过程中会出现几个问题：一是，不知道如何定一个合理的目标，很多都是主管拍一下脑袋或者根据历史的达成情况按照乘以 1.2、1.3 的系数往上累加；二是，只知道定一个总体目标，但没有分解为子目标，最终为了达到目标而忽视其他因素，比如人均产能的提升、老客户的转化率等，这些都是业绩持续增长的重要因素，如果忽视了这些，就会造成业绩增长的乏力。

如何确立一个合理的目标体系？答案是：团队总目标必须是各成员的目标之和。因为只有目标一致，心才会往一处想，力才会往一处使。但在管理中，事实并非完全如此，很多时候，整个公司定了 5 000 万元的目标，下放给老板或副总经理是 6 000 万元，副总经理下放给各个区域就是 6 500 万元，最后下放到销售员身上加起来就有 8 000 万元。这样就有了保险系数，万一哪个团队没有完成目标，公司总体上还是可能完成的。这种情况看起来逻辑没有问题，但经过实践，发现这种方法并不好。很可能我们团队的目标完成了，但员工个人的目标没完成，这将出现以下两个场景。

第一个场景：团队目标实现了，拿到奖金了，但给不给员工发奖金？理论上不应该发，因为员工个人的目标没完成。但员工会怎么想？辛辛苦苦努力工作，到最后领导们的奖金拿得手软，自己一分钱没落着，就会有极大的怨气，心想："说好的有难同当，有福同享，上下同欲，结果干活的是我们，获取结果的是我们，拿钱的却是你们，说好的兄弟同心呢？一群骗子。"如此一来，主管在团队中的信任就丧失了。

第二个场景：在过程中，当管理者的目标完成之后，员工还没有完成，这时管理者还能像之前那样卖力吗？还会全力支持员工吗？从人性上看，大多数人是不会继续努力的。这时，即使管理者手里有更多的资源，恐怕也不愿意拿出来给员工，员工自然难以完成个人目标，整个团队自然也不可能创造更高的业绩。

所以，我们在设定目标的时候，要做到团队总目标必须是每个人目标的总和，也就是总目标必须是分目标之和，只有目标数字相等了，团队才能上下同欲，让管理者与员工为了同一个目标努力。当发现哪些员工在执行中出了问题，可能完不成任务，所有人才会一起帮忙解决。这样一来，我们的业绩上去了，团队的感情也培养了，大家也都高兴了。

## 五、避免目标被"置换"

团队的一切活动都是围绕着既定目标展开和进行的，但在管理实践中达不成或只达成部分既定目标的情况却比较多，原因当然是多种多样的，而"目标置换"就是其中比较普遍和典型的一种。

在实施目标的过程中，总是有或多或少、或直接或间接、或潜在或明显的因素干扰和阻碍着目标的达成。

若从"目标置换"的角度上分析大致有两类。

一类是客观上的，具体表现为：一是目标不明确，对目标的完成在数量、质量、时限、标准等方面规定得比较笼统，使目标缺乏方向感；二是目标或过高，超出了人们的实现能力；或过低，激不起人们的兴趣，难以起到真正的激励作用；三是目标实现周期长，随着时间的推移和环境的改变达成目标的现实条件逐渐丧失；四是出现了不可预料的事件，分散了目标实施者的精力和注意力。

另一类是主观上的，具体表现为：一是目标实施者对目标的理解出现偏差，无意中使自己的行为偏离了既定目标；二是因循守旧、思维僵化，不敢变通和创新，生怕"越雷池一步"；三是缺乏团队精神，难以得到上级或同事的有力配合与支持；四是实际操作能力低，缺乏达成目标的相关方法与手段；五是缺乏信息意识，不能积极了解目标的实施进展情况并通过反馈来及时调整和纠偏。

如何避免目标被"置换"呢？

### 1. 建立动态的目标体系

在目标的设立、分解、定责等过程中，要使诸目标形成一个相互支持、关联、照应的有机整体，总目标要成为分目标的"标杆"，各分目标要自觉地、主动地、经常地向总目标"看齐"。另外还要使一些目标具有相应的弹性，以便在出现新情况和新问题时能根据具体情况进行调整与完善。

### 2. 实施全方位的目标管理

主要抓好以下各环节：

第一，目标应建立在上下达成共识的基础之上，不能人为地"压任务""下指标"。最好由上下级协商确定，否则上下级往往会在目标问题上形成博弈关系。

第二，目标要适度。过低则人忽其易，太高则人畏其难，应以"跳一跳够得着"为最好。

第三，目标间要建立其支持关系，便于目标承担者之间的积极互动。

第四，为目标实施者创造必要的实施条件（如设备、技术、培训、资金等）。

第五，赋予目标实施者充足的权力，并使目标与权力、责任和利益挂钩，以更好体现"目标激励"。

第六，调整式改革一些有碍于达成目标的规章、制度。

第七，鼓励目标承担者在权限以内大胆创新、独立自主。

### 3. 解决"信息不对称"问题

从某种意义上讲，达成目标的过程也是处理信息的过程，能否拥有充分、及时、准确、优质的信息对达到目标起着至关重要的作用，否则就会因信息不对称而导致目标实施者"逆向选择"行为和"道德风险"现象的发生。

因此，一方面，管理者要为目标责任人提供必要的信息支持，并与其经常进行信息交流与沟通，帮助其正确分析形势、研究问题和解决问题；同时对目标责任者所采取的一些行之有效的新方法和取得的新进展、新成果要及时给予肯定和鼓励。另一方面，要定期对目标的进展情况进行检查和考评，并及时将检查和考评的结果反馈给实施者，因为知道干得怎样的人，往往也容易知道怎样干得更好。

## 六、向团队共同的目标冲刺

需求决定了行动的目标。当人们有意识地明确了自己的行动目标，并把行动和目标不断加以对照，知道自己前进的速度和不断缩小达到目标的距离时，他行动的积极性就会持续高涨。

管理者如何通过目标引导下属完成任务呢？

目标是能激发和满足人的需要的外在物。目标管理是管理工作最主要的内容，设置适当的目标能激发人的主动性，调动人的积极性。目标既可以是外在的实体对象，也可以是内在的精神对象。

目标的价值越大，意义就越大。因此，管理者要善于设置正确、恰当的总目标和若干的阶段性目标，以调动人的积极性。设置总目标可使下级的工作感到有方向，但达到总目标是一个长期、复杂甚至曲折的过程，如果仅仅有总目标，只会使人感到目标遥远和渺茫，可望而不可及，从而影响积极性的充分发挥。因此，还要设置若干恰当的阶段性目标，采取"大目标，小步子"的办法，把总目标分解为若干经过努力都可实现的阶段性目标，通过逐个实现这些阶段性目标而达到大目标的实现，这才有利于激发人们的积极性。管理者要善于把近景目标和长远目标结合起来，持续地调动下属的积极性，并把这种积极性维持在较高的水平上。

在目标制定、分解时，目标的难度以中等为宜，难度太大容易失去信心；目标难度过小，又激发不出应有的干劲。只有难度适中的目标，积极性才是最高的，因为这样的目标满足个人需求的价值最大。

**参考书目**

1. 郜军. 目标管理：写给中层经理人的工作目标管理宝典［M］. 北京：电子工业出版社，
   2019.

2. 郭楚凡，黄艳平. 华为目标管理法［M］. 北京：电子工业出版社，2015.

3. 林国峰. 上任第一年［M］. 广东：广东经济出版社，2020.

4. 樊登. 可复制的领导力［M］. 北京：中信出版社，2018.

5. 陈镭. 目标与关键成果法：盛行于硅谷创升公司的目标管理方法［M］. 北京：机械工业
   出版社，2017.

6. 俞朝翎. 干就对了：业绩增长九大关键［M］. 北京：中信出版社，2020.

# 第六章

# 学会授权，做主管做的事

沃尔玛创始人山姆·沃尔顿曾经说过："一个优秀的经理，最重要的一点就是懂得授权和放权。"一些团队管理者担心授权会危及自己的职权，所以死抓权力不愿放手，结果不但吃力不讨好，影响团队的工作效率，还引来员工的埋怨，上级对工作的结果也不满意。其实，下放权力，只会让员工更加尽心，我们更加轻松，丝毫不会危及我们的职权。

杰克·韦尔奇对授权也有深刻的认识，他说："过去，我们的管理人员习惯于对员工指手画脚，指示他们做这做那。'听话'的员工们按时按量地完成任务，但也不会自觉自愿地多做些什么。自从他们得到授权之后，情况是如此不同。我们常常惊讶于员工主动完成任务的积极性。有那么多的事情，管理层甚至没有想到，但是我们的员工不仅替我们想到了，而且还默默地做完了，实现了。"

授权，是带好团队的一条途径。它能使每个员工都感到自己受重视、被信任，进而使他们的责任心和参与感迸发出来。

## 一、事必躬亲不可取

管理工作千头万绪，极为繁杂，如果管理者事无巨细都事必躬亲，即使有三头六臂，也会应接不暇，难免事与愿违。所以，管理者必须学会正确授权。

授权与分权是管理者的一项重要工作。只可惜，许多管理者并没有悟出授权的真义。他们总是放心不下，凡事都想亲自去做，认为只有自己做才放心；或者别人做时他在旁边指指点点，以示自己在履行管理者的职责。

管理者不是超人，精力都是有限的。一个人只有一双手，每天只有24小时，团队的事情又是千头万绪，如果试图自己去做所有的事情，即使把自己累死也做不完。管理者不是超人，也有自己不擅长的领域，不熟悉的方面。正因为如此，所以要授权，并且授权的时候要能够人尽其才，大胆启用精通某一行业或岗位的人，并授予其充分的权力，使其具有独立做主的自由，能自己做出决定，能够激发他们工作的使命感。那么，每一级的管理者必定可以圆满地完成各自的任务，从而达到公司发展的目标。

梁林在一家酒店担任公关销售部经理，他在这一行干了多年，从销售代表一步一步做上来，建立了很好的客户关系网，因此，客户找他的也特别多。最近有三个重要会议来洽谈，因为会议较重要，又是老客户，梁林就一个人全部谈了下来，并亲自做了三个会议的接待计划。他认为会议接待通知发下去后各个部门只要按照计划执行就是了，不曾料到其中一个会议在接待过程中出了些纰漏，造成客户投诉，结果老总把他叫去训了一通，说他并不适合做一个经理。

管理者事必躬亲是不可取的。事必躬亲在一定意义上就是剥夺下属工作的权利，也相当于剥夺他们的成长权、成就权。况且，在一个团队中管理者随意介入下属分管的事务，一方面容易招致下属的反感，另一方面管理者过多地插手一线工作，会养成下属的依赖心理，甚至导致下属的懒惰，最终形成一种下属大事小情都汇报请示，管理者陷入琐碎事务的泥潭而不能自拔的局面。

作为团队的管理者，更应该清楚自己的角色，应该做好的是全面把握部门的管理，包括市场规划，对下属人员的培训，客户管理，做好与其他部门的沟通协调等事宜，而非事事亲力亲为。以前我们常称道"鞠躬尽瘁，死而后已"的敬业精神，很多企业的管理者就是这样，"天天两眼一睁，忙到熄灯"。但是，要知道作为现代管理者更应把握的是全局，而非胡子眉毛一把抓，我们必须学会如何将手中的权力尽可能地下放，这样才能更好地提高管理的绩效。

## 二、带责授权

授权要明确下属的责任，这就是带责授权。明确地将权与责同时授予下属，既可以促使下属完成工作，又可以堵塞有权不负责或滥用权力的漏洞。

带责授权，应交代权限的范围。这样做的目的是让下级正确行使自己的职权，更好地实现授权目的。领导带责授权时，要注意不授出最终权力和责任。作为领导当然要明确自己的职责范围，凡是属于自己职权范围的事、涉及有关组织的全局性问题，比如管理全局的集中指挥权、总的经济预算审批、决定组织的目标、任务和发展方向等，决不可轻易授权。也就是松下说的："大事和小事由我处理。不大不小的事可以安排让别人做。"

另外，如要把同一方面或系统的工作，向两个或两个以上人员授权，记住，后果责任要落在其中一个人身上，让其中领受较高权力的那个人承担后果责任。这样可使下属各司其职，各守其位，各负其责，避免发生争功诿过和扯皮。

## 三、适当授权

授权要适当，对下属的授权既不能太轻，也不能太重。太轻，就无法充分激发下属积极性，下属很难尽职尽责；太重，又会形成大权旁落的现象，局面难以收拾。下级的权力一旦超出了合理范围，制度法规就无法顺利贯彻执行。

以下是可授权与不可授权的内容，如表6-1所示。

表 6-1　可授权和不可授权的内容

| 可授的权力 | 不可授的权力 |
| --- | --- |
| （1）日常工作和活动 | （1）计划 |
| （2）收集事实资料 | （2）人事问题 |
| （3）监管某一项目 | （3）发展培养下属 |
| （4）以代表身份出席会议 | （4）任务的最终职责 |
| （5）某些特定领域中的决定 | （5）没有合适的下级能承担的工作 |
| （6）准备报告 | （6）在部门中维护纪律和规章制度 |
| （7）需要技术能力去解决的问题 | （7）解决部门内部冲突 |

　　适当授权，不能超负荷授权，要根据下属的承受能力授权。授权者应该向被授权者明确所授事项的目标、任务、职责和范围。所授的工作量不要超过被授权者的能力、体力所能承受的范围。授权如果没有明确的目标职责，被授权者在工作中就会找不着方向，无所适从，整个组织就会失去战斗力，甚至出现混乱。有的权力尽管很轻，但也不能把许许多多权力一股脑儿全部下放，弄得下属顾此失彼，手足无措。

　　适当授权，还要视组织大小、任务轻重、业务性质授权。单位大、任务重、工作距离远、专业性强的多授权。反之，则少授权。

## 四、保留控制权

　　授权既要适当，又要可控。权力管理的核心之一正是控制。正确的授权，不是放任不管，而是保留某种控制权。通过这种控制权，把领导与下属有机地联系起来。缺乏可控性的授权是弃权。可控性表现在两个方面：一方面，领导握有主动性、灵活性，授权的范围、时间由领导灵活掌握；另一方面，虽然授权应相对稳定，但也可根据实际需要随时调整，做到能放能收，能扩大也能缩小。

　　美国通用电气公司在不同的时期，采用过不同的权力管理方式。很多年前，他们在原有的事业部内就设立了"战略事业单位"，这种战略事业单位是一个独立的组织部门，拥有较大的权力。在事业部内它可以挑选某些产品进行单独管理，可以制定有关产品、销售、设备和组织的战略计划。它既可以与集团组织平起平坐，又可以拥有相当于分部的权力。几年后，公司又实行"执行部制"，在原先事业部的基础上又加了一级管理，等于是向下收回了一些权力。在这里，公司最高领导层牢牢把握着控制权。

下面是保留控制权的方法：

方法一：每周一会。为什么说每周一会重要，如果我们三天两头不在办公室，怎么知道公司的每个人在做什么？一定要把重要的问题记录下来并跟踪和检查该中层干部是否及时完成。

方法二：月计划。当然要有月计划，要先从公司的年度计划开始，然后是月度计划。要让员工明白这一年要做什么，这个月的计划目标是什么。比如：为了保证公司的高速发展这个月业绩提升10%。那么下面才会有方向。

方法三：季度总结。每一个季度让所有人做一个总结，知道他们这一个季度的工作情况。

方法四：建立内部建议与投诉渠道，了解员工的想法，发现问题。

方法五：表扬与批评。如果员工做得对要及时表扬，如果做得不对要及时批评。但表扬与批评要具体有针对性，一针见血最好。表扬可以举行团队表彰大会，批评却只需在办公室内关门批评。

一位管理学家曾说过：控制是授权管理的"维生素"。授权管理的本质就是控制。如果想成为一名称职的管理者，希望自己的团队不断成长，生命持久，参透"一手软，一手硬，一手放权，一手控制"的授权之道，是迟早要做的工作。只有参透这一授权之道，才能完成授权实施者与工作控制者的角色转换；只有完成这一角色转换，授权才能真正走上合理、有效的运行轨道。

## 五、坚持信任原则

授权前，先全面了解和考察将被授权的下属，看他是否适合担负这一职权。

考察的方式多种多样，既可以让他当助理或其他代理职务，试用一段时间，以便观察了解。然后再决定是否可以授权，避免出现授权后不合适的情况，造成不必要的损失。经考察认为可以信任者，则确认授权。一旦放心使用、相信下属，就不要零零碎碎地授权，可以一次授予的权力，一次就授下去。

员工们都有较强的自信心和自尊心，有成就感和荣誉感，有通过自己的努力去完成某项工作或某种事业的心情和愿望。团队主管应充分信任他们。授权之后放手让他们在职权范围内独立地处理问题，使他们有职有权，创造性地做好工作。对他们的工作除了进行必要的领导和检查，不要去指手画脚，随意干涉。

信任人、尊重人，可以给人以巨大的精神鼓舞，激发其事业心和责任感，而且只有上级信任下级，下级才会信任上级，并产生一种向心力，使领导和被领导者和谐一致地工作。相反，当一个人的自尊心受到伤害时，他就会本能地产生一种离心力和强烈的情绪冲动，影响工作和同事关系。

授权与信任密切相关。一个主管如果不相信下级，那么就很难授权于下级，即使授权了，也形同虚设。有的主管一方面授权于下级，一方面又不放心，一怕他不能胜任，二怕他以后犯错误，对有才干的人还怕他不服管，具体表现为越俎代庖，包办下级的工作；越权指挥，给下级造成被动；不懂某方面的专业知识，却干涉下级的具体业务，甚至偏听偏信，公开怀疑下级等等。凡此种种，都会挫伤下级的积极性，不利于下级进行创造性的工作。

## 六、集中指挥权

授权的目的是让下属分担更多的责任。授权后，主管尽力发挥自身的统帅综合才能，协调各方面力量，保证各部分的发展更好地服从于全局目标。主管要把最大限度地向下级授权与保证指挥全局的权力统一起来，严禁把有关全局的最后决策权、管理全局的集中指挥权随意下放。否则，主管就会对整个组织系统失去控制，导致另一种失责。高明的管理者能做到"大权独揽，小权分散，不离原则"。处理大权与小权、集权与分权的关系，显示出主管人员授权水平的高低。

# 七、定期考核

权力授出后，还要留心定期对下属进行考核，对下属的用权情况做出实事求是、恰如其分的评价，并与下属的各种利益紧密联系起来。考核不能急于求成，也不能求全责备。要看工作的质量，是否扎扎实实，认真细致，是否有实效。考核既要看到近期的业绩，又要看远期的业绩；既要看整体，还要看局部。不能肯定"近期得实惠、长远招灾祸"的工作，这是短期的行为。工作有失误，只要不是下属故意为之，就要耐心帮助下属纠正改过。

 **参考书目**

1.董晓刚.三分管事七分管人［M］.北京：地震出版社，2009.

2.文柳.领导三件事：识人用人会管理［M］.北京：海潮出版社，2004.

3.彦涛.不懂带人，就当不好经理［M］.上海：立信会计出版社，2016.

# 第七章

# 按制度办事，订立规矩和规范

管理学上著名的热炉法则说，制度就像一个很烫的炉子放在那里，谁只要一碰到这个炉子，就会尝到它的厉害。热炉法则形象地阐述了团队管理要依靠制度。

热炉火红，不用手摸也知道炉子是热的、能灼伤人，这是警告性原则。团队主管要经常对下属进行规章制度教育，以警告或劝诫他们不要触犯公司的规章制度，否则就会受到处罚。每当你碰到热炉，肯定会被灼伤。也就是说只要触犯公司的规章制度，就一定会受到惩处。

当你碰到热炉时，立即就被灼伤，这是即时性原则。惩处必须在错误行为发生后立即进行，绝不拖泥带水，绝不能有时间差，以便达到及时改正错误行为的目的。

不管谁碰到热炉，都会被灼伤，这是公平性原则。

热炉法则的具体应用表现为：每个公司都有自己的"天条"及制度规范，公司的任何人都要去遵守这些制度，否则就要受到惩罚。

## 一、主管的权力不能超越制度

南宋朱熹说："不努力奋发向上，心智就会一天天变得颓废；不经常检讨约束自己，心智就会一天天放纵无顾忌。"制度规范作为团队管理过程中约束全体组织成员行为，确定办事规则，规定工作程序的各种章程、条例、守则、规程、程序、标准、办法，必须严格执行，实施制度化管理，才能使团队管理步入规范、系统的轨道，形成良性循环。反之，任何有悖于制度规范的行为和个人，都将使组织蒙受损失，发展受到阻碍。为什么有些公司会在经历了辉煌后不幸破产？究其原因，其中最重要的一条是制度规范的执行不一、朝令夕改，更有甚者将公司经营者的个人权力凌驾于制度规范之上，犯了管理的大忌。公司持续经营的秘诀在哪里？最终要靠制度管人，而不是靠人管人。

战国时期的西门豹是一个纪律严明的代表人物。魏文侯见他有才能，就派他当邺县县令。西门豹的政绩留在我们记忆中的似乎只有纠治"河伯娶妇"的陋习这一件事上，其实他还在邺县革新吏政，使邺县渐渐富裕兴盛起来。

魏文侯却常听到有人告发西门豹，说邺县官仓无存粮，钱库无金银，部队少装备。魏文侯亲自视察后发现，果然如此。魏文侯很生气，责问西门豹怎么搞的。西门豹说："王者使人民富裕，霸者使军队强盛，六国之君使国库充足。邺县官仓无存粮，因为粮食都积储在百姓家里；钱库无金银，因为金银在百姓兜里；武库无兵器，因为邺县全民皆兵，武器都在他们手中。"说完后，西门豹就上楼敲鼓。第一阵鼓声之后，百姓披盔戴甲，手执兵器赶来集合。第二阵鼓声之后，另一批百姓推着装满粮的车，集合到楼下。魏文侯见识了西门豹的业绩，容颜大悦，就示意西门豹停止练习。西门豹又不同意，说："民可信不可欺，今天既然集合起来，就不能随便解散，否则，老百姓会有受骗的感受。大王可不能重蹈千金一笑的覆辙。燕国经常侵我疆土，掠我百姓，不如让我去攻打燕国。"魏文侯同意后，西门豹便带兵攻燕，收回了许多失地。

这个历史典故告诉我们，任何公司或团队都需要一套完整的纪律规范。要建立良好的规范，首先，必须找出某个范围，集中精力整顿，之后要做的便是下决心惩罚那些暂不遵守公司规定的人。这可以用罚薪、扣除奖金等方式，必要时应不惜予以辞退，只要能保证公平合理。

三国时期的诸葛亮与司马懿在街亭对战，马谡自告奋勇要出兵镇守街亭。诸葛亮心中虽有担心，但马谡表示愿立军令状，若失败就处死全家。诸葛亮这才勉强同意他出兵，并指派王平将军随行，并交代在安置完营寨后须立刻回报，有事要与王平将军商量。马谡一一答应。可是军队到了街亭，马谡执意在山上驻扎，完全不听王平将军的建议，而且没有遵守约定将安营的阵图送回本部。司马懿派兵进攻街亭，围兵在山下切断粮食及水的供应，使得马谡兵败如山倒，重要据点街亭失守。事后诸葛亮为维持军纪而挥泪斩马谡，并自请处分降职三等。

依靠制度管人是所有管理者的特征。用流行的说法，制度就是用法治代替人治。规范与制度是不可缺少的管理软件，也是管理工作得以正常运转的基石。公司、团队是由各类人员组成的组织，而人复杂多样的价值取向和行为特质，要求管理者营造出有利于组织理念和价值观形成的制度，并约束、规范和整合人的行为。

## 二、重视制度建设和组织行为

管理者的一项重要职责就是要设计合理的制度，并划定员工的工作范围，如果没有制度的约束，将导致下属彼此之间职责不明，他们要么相互推诿，指望别人多干一些活，要么相互干扰，搞得大家都干不好工作。

有7个人曾经住在一起，每天分一桶粥。要命的是，粥每天都不够分。一开始，他们通过每天轮流抓阄来决定谁来分粥。一周下来，他们只有一天是吃饱的，就是自己分粥的那一天。后来他们开始推选出一个道德高尚的人来分粥。强权就会产生腐败，大家开始挖空心思去讨好他、贿赂他，搞得整个小团体乌烟瘴气。然后，大家开始组成3人的分粥委员会及4人的评选委员会，但他们常常互相攻击，争吵不断，粥吃到嘴里全是凉的。最后他们想出来一个方法：轮流分粥，但分粥的人要等其他人都挑完后拿剩下的最后一碗。为了不让自己吃到最少的，每人都尽量分得平均。这样，大家快快乐乐，和和气气，日子越过越好。

同样是 7 个人，不同的分配制度，就会有不同的风气。所以，一个团队如果有不好的工作习气，一定是机制问题，一定是没有完全公平、公正、公开，没有严格的奖勤罚懒。如何制定这样一个制度，是每个管理者需要考虑的问题。

管理者在分配工作时一定要细致，要明确每个人应该做什么，不应该做什么，有些工作是必须合作才能完成的，但在合作中也要有明确的分工。

任何一个任务的背后都隐藏着与员工休戚相关的利益，员工们由于处于被动地位，有时候不能想到这些利害关系，主管就必须冷静地为他们分析利弊，让他们意识到做好工作的必要性，从而自觉地努力工作。

有这样一个实验：一副扑克牌（牌面上有各种漂亮的图案），把在场的许多人分成两组，请 A 组每人从中选取自以为最好看的两张；请 B 组每人选取两张红桃，并对点数做了明确的要求。最后，请两组人员把牌亮出来。于是，出现了下面的结果：

A 组：黑桃 2，方块 A，黑桃 8，梅花 1，红桃 3……

B 组：红桃 A，红桃 K，红桃 1，红桃 J，红桃 10……

两组的结果是完全不同的，A 组是一副杂牌，B 组却是一手红桃同花顺。为什么会这样呢？这是因为，对于 A 组没有明确的指令，所以 A 组的人都是按照各自不同的审美观念来选牌。在这里不必评判他们的选择孰优孰劣，但很显然，他们每个人的做法都是一种个人行为。个人行为与个人行为混合在一起成"乌合之众"。再看看 B 组，清一色的同花顺，这才是组织行为。

管理者不可能拿一副杂牌去打败对手的同花顺。所谓"世有三亡，以邪攻正者亡，以逆攻顺者亡，以乱攻治者亡"。团队处于 A 组状态，不是员工的过错，而是决策层有问题。如果想要得到一副同花顺，必须达到两个条件：一是决策层一定要思路清晰，二是要给员工发出明确的指令。否则，员工们要么茫然失措，要么自行其是，就像上面的实验一样，形成一手杂牌。

## 三、规范是管理的压舱石

如果我们简单地认为，规章制度纯粹是一种约束和控制，甚至是体现管理的权威，那么，我们的工作态度就有问题了。如果我们认为，公司的规章制度是一种全体员工和谐相处的规则，那么我们只对了一半。只有清醒地认识到，作为管理者必须比其他所有的员工更加模范地遵守一切规章制度，并且为此毫不动摇，这才具备了承担团队主管职务的基本条件，我们的团队才能发展壮大。

英国古老的剑桥大学有一位著名的校长，治校有方，培养出了很多名满天下的学生。有人问他为何能把学校经营得这样好，这位校长说，那是因为他用一条鞭子来惩治那些不听话不上进的学生，并且奖罚严明。他还说，如果给他一把手枪，他会把学校管理得更好，培养出更多的好学生。

这个故事的大概意思也就是说，只要能以"一条鞭子"严格执行既定的规章制度，就能治理好学校。这里的"一条鞭子"，就是严格、严厉、不讲情面的意思。往大了说，不仅管理学校要像这样，从某种程度上讲，企业要想从严治理，也应该像上面例子提到的一样，执行"一条鞭子"的管理政策。

海尔总裁张瑞敏曾在各种场合讲到海尔的成功历程时，总是不忘提到13条规定，其中包括不准迟到、不准打毛衣、不准在车间内随地大小便……现在看起来这些很琐碎、细小，简单到令人发笑的规定，确确实实地击中了原海尔员工的要害。通过海尔领导者的严格管理，这13条管理规定得到了切实的执行，使海尔人的工作面貌有了很大的改善，同时在海尔内部树立了"有规必行，有禁必止"的观念，使规章制度不再是可有可无的摆设。此后，海尔的管理者又逐步推出各种新的细化规章制度，做到了有规可依。逐渐地，海尔的企业管理由无序转向有序，逐步成为一个有执行力的组织，开始了海尔的辉煌之路。

公司制定出来的各种规章制度，不能只是纸上谈兵。作为团队管理者，我们应当用严肃的态度来执行合理的规章制度，一旦发现有人违反规定，一定要严格执行，绝不手软。

但是，我们应该清楚，绝不手软并不一定是滥施权力、粗暴蛮横地对待员工，以显示自己的威信。对员工要公道，在处罚时要有充分的根据，这包括解释清楚公司为什么要制定这条规章，为什么要采取这样一个纪律处分，以及希望这个处分产生什么效果。

我们要知道，执行任何的规章制度，目的都是为了维护良好的秩序，而不是处罚本身；因此，应该向员工表示对他的信任和期望。在对违反规定的员工处罚完以后，要肯定他的价值，以积极向上的激情去鼓励他，以消除他对处罚的怨恨和郁闷之情。

现实中，也有许多团队主管认为："这些规定谁都知道，没有必要整天把制度挂在嘴边。"但是，新来的员工，甚至有时有些老员工，直到自己违反了某项规定，才恍然大悟，才知道原来还有这样的规定。因此，加大对制度的学习，是十分必要的。

管理者应该明白以身作则的重要性。如果我们没有这样做，那就是在向其他员工表示，制度只不过是一种摆设。同时，我们也不应该不分青红皂白，草率地惩罚或处分员工。在作出判断之前，甚至是在做任何事情之前，必须知道事情的来龙去脉，并搞清楚员工为什么要这样做，他的动机是什么等。

制定出规章不是为了显示纪律严明。并非每次的处罚都要一视同仁，它的意思不是说面对违规行为，采取统一的措施，而是说在相同的环境和条件下，违规行为都要受到同一种惩罚，不能有丝毫的偏颇。

制定规章制度应注意以下几点：

### 1. 规章制度的制定不能违法

在制定自己的规章制度的时候，很多公司由于对现行法律的不了解和不在乎，导致了与法律的冲突和矛盾，从而不具有法律效力。因此，在对违规员工进行处理的时候，由于没有效力，难以产生作用。而且，因为得不到法律的支持，所定的规章制度不过是一纸空谈。因此，规章制度的内容必须合法。

### 2. 规章制度要经过民主程序肯定

顺应民主，公司才能持久。然而，现在大多数公司在制定规章制度的时候，往往只是几个高层领导者或者董事会的成员制定实施。但我国法律规定：公司的规章制度应该通过民主大会的形式，经民意代表同意，并且经多数员工通过，才具有效力。

### 3. 规章制度应该及时修改、补充

要把团队运作好，管理者需要建立一套完善的制度。制度设计合理、运作有效，团队高效运转，员工士气高昂，事业才能蒸蒸日上。所以，及早建立一套合理的制度至关重要。市场不断变化，形势也在不断变化。因此，团队的规章制度应该不断地修订和改正，只有不断地推陈出新，制定适合当时情形下的规章制度，定期或不定期地检查，及时修改、补充相关内容，才能保证制度和规章的合理性、时效性。千万不能认为把规章制度制定好以后便万事大吉。

## 四、制度不能仅仅贴在墙上

管理理论培训师吴甘霖说过这样一句话："执行不到位，等于没执行；执行不到位，不如不执行。"在这20个字里，执行是题眼，到位是目的；同时言外之意也延伸涵盖了思想认识是关键，执行力度是灵魂的重要性。试想一下，如果让制度高高在上，不力求提高执行力的手段，在制度执行中不注重落实到位，最后执行效果充其量也只是纸上谈兵。

制度对于执行来说就像植物与阳光的关系，植物的新陈代谢和光合作用都离不开阳光，企业的发展和运营同样需要制定各方面的规章制度来做保障。提及制度，就不得不谈到执行力的问题，这也是管理者最关心的问题。但是如何把握执行力的根本，在制度执行落实过程中抓出最好的执行效果和效益，却是很多优秀管理者纷纷讨论但抓不住关键的地方。在这里，古人似

乎为我们提供了一个切入点。

工欲善其事，必先利其器。这句话所蕴含的寓意是，要想使事情或事物达到满意的效果，必须要事先计划出确保达到效果的措施。在制度的执行上，很多经营者都突出强调公司与员工的和谐和人性化管理，制度的执行依赖员工的自觉性。但是制度的执行和责任到位，光靠自觉是不行的，必须用制度规范来保证。这需要在制度执行落实中做到"踏石留印、抓铁有痕"。

很多时候，公司费了很大的精力制定和完善了规章制度，却往往忽视了执行过程中存在的一些问题，现实情况往往是单位的制度只是象征性地贴在了墙上，却忽视了它应该发挥的作用，员工看了视而不见，制度并没有真正落实到执行中去，制度成为名副其实的摆设，最终导致制度执行力习惯性流产。如何让制度从墙上走下来，确保在执行过程中落实到位，应抓好以下几个方面的工作：

第一，制度必须从墙上走下来，不能形同虚设，切实在工作的每一个环节、工序、细节上发挥作用。制度执行所能达到的某种效果、深度和广度，从某种意义上来说与领导者的重视程度、执行力力度是密不可分的。因为管理者是推动制度执行的贯彻者、执行者和监督者，只有我们从思想意识上认识和重视制度，并身先力行地垂范执行，才能够有说服力地带动员工、推动制度的纵深化贯彻执行，充分发挥制度在工作中指导、规范和制约作用。同时，制度也是衡量工作的一把标尺，工作的程序、标准要靠制度来规范和指导。

日本丰田公司推行严、细的全面质量管理制度，它所倡导和突出关心的重点和中心就是制度执行力，它要求员工要不打折扣地执行公司制定的所有质量制度，即便是某一制度存在质量欠缺、标准差别或其他方面的问题，在未确定修改前也必须毫无条件、僵化地执行。无条件百分之百地执行使得丰田公司的全员质量管理制度走在了世界同行业前列。

第二，制定出制度，就必须不打折扣地贯彻执行，坚定落实到执行层面上来。麦当劳就是靠铁一般地执行制度，诠释和树立了为顾客完美服务的口碑。麦当劳的制度非常严格，如坚持用 100% 的纯牛肉，所有原料供应来源必须符合国际标准，并要通过 40 多项指标的严格检测；炸出来的薯条在保温箱中摆放的时间超过 7 分钟就必须扔掉……正是这些看似微不足道的服务细节，铸就了麦当劳的神话。

第三，提高制度执行力，不能局限于做了，更要注重执行结果。在实际中，制度执行到位，不仅仅拘泥在"执行"两个字的字面上，执行到位，就必须对执行过程和结果完全负责。没有过程的执行是纸上谈兵和自欺欺人；反过来没有结果的执行，就是白费力气。所以，做每一件工作或事情时，就要刻意培养和建立逆向结果导向思维，从结果倒推过程。只有以结果思维引导和控制行为，才能确保制度的执行。执行之前，先确认要达到什么目的和效果，并且确保执行到位需要做哪些准备工作，这是至关重要的。

总之，团队主管只要做到了上述几点，并在制度执行过程中善于、勤于动脑分析，精于逻辑分析执行存在的问题，及时应对和解决问题，那么制度的执行到位就不再会是问题。

## 五、不做好人，按制度办事

某公司进行了人力资源战略规划，从战略出发对公司人力资源情况进行了盘点，并制定了针对性的人力资源政策，以保障战略实现。根据人力资源战略规划，为完成优化员工年龄结构、学历结构和专业结构的目标，第二年，公司在短时间里将一批年轻的主管提拔至部门正职或副职的岗位上。一时之间，这些年轻人被压抑许久的积极性得到了充分调动，也在各个部门烧了几把火。

过了一段时间，人力资源总监着手对这些新中层的工作情况进行一番调查。调查过程中，他接到了一些普通员工对新中层的投诉，反映新主管是老好人，对下级要求过松。特别是有一些普通员工认为，新中层"很少对他们红脸"，跟着新中层对个人成长无益。他感到奇怪：这些新中层虽然年轻，但均已担任过相当长时间的主管，为什么做主管时一直都没有暴露过这样的问题呢？

在我们周围也有这样一些以老好人形象出现的团队管理者，在作出决定时，总是摇摆不定，犹豫不决；在碰到一些问题时，当"甩手掌柜"，久而久之，管理的魄力小了，胆子小了，办法也少了。有什么事，满头大汗去找上级管理者，"您看应该怎样处理，您给拿拿主意吧"，或者干脆不管，假装什么都没有发生。

作为管理者，往往管理着许多下属，管理着一摊子工作，他们的首要任务就是把下属管理好，把方方面面的工作安排得井然有序、有条不紊，从而维持日常工作的正常运转。

任何一名团队管理者都应该扮演好管理者的角色。在实际工作中，有的中层管理者认为自己不是高层管理者，不愿管，不敢管，没有资格管；在情感方面，更是如此，不好意思，怕得罪人，做老好人。还有的中层管理者则认为下属做的是一些鸡毛蒜皮的小事，不值得自己去管，结果工作秩序混乱，甚至导致严重后果。

小王在一家公司做产品设计工作，由于各种原因，公司业务做得不是太好，很多员工觉得没有前途，不是整天无所事事，就是迟到早退。看到这种情况，小王就去问主管："公司照现在这个样子发展下去，肯定非常危险。我们该采取什么办法挽救公司呢？"谁知主管却说："你管这么多有什么用呢？先挺挺看，也许过一段时间会有些起色。"小王听到主管如此没有信心的话之后，第二天就辞职离开了公司。

小王为什么会远走高飞？也许在他的心目中，主管就代表着公司，主管都对公司没有信心，自己怎么能对公司有信心呢？还不如跳槽痛快。

管理者在管理中使用一些技巧是非常有必要的：工作中，要用严格管理来体现组织的制度；私下里，要用情感来体现自己对下属的关怀。

许多人普遍认为，做人就是要搞好人际关系，做事就是要提高企业效益，搞好人际关系、提高企业效益就是管理。只会做人，不会做事，是一团和气，是和稀泥，管理上等于零。相反，只会做事，不会做人，常常得罪人，他的管理也等于零。因此，要先会做人，然后会做事，这就是管理。

但是在日常的管理中，管理者经常会遇到事与人纠缠到一块的情况，其实也难怪，人是做事情的人，事是人做的事，怎么能分得清楚？所以，管理就是得罪人的事，在日常的管理中不要怕得罪人，但不要得罪大多数人，更要注意对事要制度化，对人要人性化，特别是在不是很正规的小公司，首先做的应该是有法可依——建立可行的规章制度，其次是有法必依，执法必严，违法必究。

管好一个公司和一个团队往往是需要动一系列"手术"的，会让公司中的不少人感到"疼"。改革会调整原有的利益格局，可能要堵一些人的财路，降低一些人的收入，使大部分人感到压力增加……都是得罪人的事。公司要抓管理，就需要顶着这些压力、冒着这些风险，大刀阔斧地把一项项新制度贯彻下去，要敢于管理。

团队管理者如果空有管理之心，却前怕狼、后怕虎，这个不愿招惹，那个不敢得罪，希望什么麻烦也没有，一心想做"好好先生"，管理根本不可能有什么改进。管理者抓管理就是要既无情又有情。在贯彻制度方面要"无情"，制度至上，没有什么讲情面的余地。奖惩分明、能上能下，对于一部分员工来说可能很"无情"。但是，只有通过加强管理，团队才能更具竞争力，才能有更大的发展，使员工收入增加，提供更多的岗位，这恰恰是"有情"的一面。

管理是为了什么？难道是"老好人大赛"看谁比较受人欢迎？不要说大胆管理，再小心的管理也不可能让人人说好，那种只说"好好好"的管理早晚让大家都卷铺盖走人。

## 六、寻求制度与个人的平衡

制度不能代替感情，感情也不能取代制度，如何在不违反制度的前提下照顾员工的感情，是团队主管需要认真思索和考虑的一大问题。

美国国际农机公司创始人，世界上第一部收割机的发明者西洛斯·梅考克，人称"企业界全才"。他几十年的企业生涯，历尽沧桑，没有一条道路是平坦的，但是他以自己全才的素质，在市场上屡屡成功。梅考克虽然掌握着公司的大权，有权左右员工的命运，但他却从不滥用职权。他能经常设身处地地为员工着想，在实际工作中，既坚持制度的严肃性，又不伤员工的感情。

有一次，一个老员工违反了工作制度，因酗酒上班迟到。按照公司管理制度的有关条款，他应当受到开除的处分。管理人员作出了这一决定，梅考克在决定上批复表示赞同。决定一公布，这个老员工立刻火冒三丈，他委屈地对梅考克说："当年公司债务累累时，我与您患难与共，3个月不拿工资也毫无怨言。而今犯这点错误就把我开除，真是一点情分也不讲！"听完老员工的叙说，梅考克平静地对他说："你知不知道这是公司，是个有规矩的地方，这不是你我两个人的私事，我只能按规定办事，不能有一点例外。"

后来，梅考克了解到这个老员工是因为妻子去世了，留下了两个孩子，一个跌断了一条腿，一个因吃不到妈妈的奶水而日夜啼哭，他是在极度的痛苦中借酒消愁，而误了上班。了解到这个情况，梅考克十分震惊，他立即安慰老员工说："你真糊涂，现在你什么都不要想，赶紧回家去，料理你老婆的后事，照顾孩子们。你不是把我当成你的朋友吗？所以你放宽心，我不会让你走上绝路的。"说着，从包里掏出了一沓钞票塞到老员工手里。老员工对老板的慷慨解囊感动得流下了热泪，哽咽着说："我想不到你会这样好。"梅考克认为，比起当年风雨同舟时员工们对自己的帮助，这事儿简直不值一提。他嘱咐老员工说："回去安心照顾孩子们吧，不必担心自己的工作。"

听了老板的话，老员工转悲为喜地说："你是想撤销开除我的命令吗？"

"你希望我这样做吗？"梅考克亲切地问。

"不，我不希望你为我破坏了规矩。"

"对，这才是我的好朋友，你放心地回去吧，我会适当安排的。"

事后梅考克安排这个老员工到他的一家牧场当了管家。

一方面是个人感情，另一方面是公司制度，梅考克很巧妙地在这两者间取得了平衡。

## 七、听任正非谈规范化管理

任正非在华为公司内部刊物中发表过一篇题为《华为的冬天》的文章，其中一段谈到了他对规范化管理的认识：

"我们认为规范化管理的要领是工作模板化，那么，什么叫作规范化？就是我们把所有的标准工作做成标准的模板，工作就按模板来做。一个新员工，能看懂模板，会按模板来做，就已经是国际化、职业化了，以现在的文化程度，3个月就掌握了。而这个模板是前人摸索几十年才摸索出来的，你不必再去摸索。各流程管理部门、合理化管理部门，要善于引导各类已经优化的、已经证实行之有效的工作模板化。清晰流程，重复运行的流程，工作一定要模板化。一项工作要达到同样绩效，少用工，又少用时间，这才说明管理进步了。我们认为，抓住主要的模板建设，又使相关模板的流程连接起来，才会使IT成为现实。在这个问题上，我们要加强建设。"

由于政治、经济等各方面的原因，中国企业在同国外大企业竞争的过程中，技术落后无疑是一个明显的劣势。任正非感慨万千："华为成立之初十分幼稚，选择了通信产品，但没想到一诞生就在本国遇到了最激烈的国际竞争，竞争对手是拥有数百亿美元资产的世界著名公司。"但是，华为在面对强大的竞争对手时并没有退缩，而是奋起直追，加大对产品研发的投入和开发。经过多年的努力，华为的产品已经在市场上拥有了相当强的竞争力，公司客户也遍及亚洲、非洲、欧洲以及美洲。但是，任正非清醒地意识到，在电信基础技术研究领域，中国企业是没有优势的，以前没有，现在没有，但将来可能会有。在现阶段，华为的生存和发展，除了继续在产品上不断创新之外，优良的管理和良好的服务也是必不可少的。

早期任正非更多的是把规范化管理等同于制度化管理或标准化管理。尽管规范化管理最终也要落实到制度层面上，通过规章制度来实施，但制度化管理仍远不及规范化管理。在随后的发展过程中，任正非逐渐认识到，规范化管理是针对中小企业管理的随意性大，许多流程没有制度、标准而言，企业要引入现代管理制度，把人治变为法治，从主观到客观，就必须建立管理的标准体系。建立这些标准体系的一系列活动就是管理的规范化。规范化除制度化外还需要几个方面的配合，规范化企业不能做什么都是一种方式，企业应该怎么做才是实质，这是企业规范化的核心，但还需要流程化、标准化、表单化、数据化来配合，才显得制度化是完整的规范化。一些早期成功的做法应该保留下来，一些历史数据应该留作考核依据，将内部的做法进行总结、提炼。完全从外部导入一些制度，对企业是没有好处的。

 **参考书目**

1. 李金水. 世界500强工作法［M］. 江西：江西人民出版社，2017.

2. 王桦宇. 人力资源管理实用必备工具箱.rar——常用制度、合同、流程、表单示例与解读［M］. 增订6版. 北京：中国法制出版社，2020.

3. 张尚国. 新版公司实用管理制度大全［M］. 北京：中国纺织出版社，2016.

4. 鲁克德. 胜在制度赢在执行［M］. 上海：立信会计出版社，2014.

# 第八章

# 团队要带好，流程不能少

无论干什么事，都有一个"先做什么、接着做什么、最后做什么"的先后顺序，这就是我们生活中的流程，只是我们没有用"流程"这个词汇来表达而已。除了"先做什么、接着做什么、最后做什么"的先后顺序外，还经常说某某人能办事，某某团队善于做事。"能办事、善于做事"是说他们做事情有方法，比别人的更有效果。他们和别人相比到底有哪些不同呢？可能是先后顺序不同，也可能是做事的内容不同。因此，流程就是做事方法，它不仅包括先后顺序，还包括做事的内容。同时，我们做任何事情都需要资源投入，都需要借助资源的效用，包括资金、信息、精力、人员、技术等，因此对投入的资源也要善加管理，否则也难以成事。

团队要想管理到位，就必须重视流程的作用。如果没有制定出可行的流程，工作就无法做到位。很多工作不到位，就是因为不按照流程办事造成的。

管理流程能够保证管理者做出恰当的决策，同时保证整个团队能够按照高效的方式运转起来。如果整个流程能够不断地优化，那么团队可以通过流程实现整体的提升。

## 一、PDCA：戴明环

管理学家认为团队管理活动可以用著名的 PDCA 循环来表示，团队管理者可以通过 PDCA 方式来把握流程的关键点。PDCA 循环又叫质量管理环，是管理学中的一个通用模型，最早由休哈特（Walter A. Shewhart）于 1930 年构想，后来被美国质量管理专家戴明（Edwards Deming）博士在 1950 年再度挖掘出来，并加以广泛宣传和运用于持续改善管理活动质量的过程中，所以又称戴明环。

PDCA 循环是能使任何一项活动有效进行的一种合乎逻辑的工作程序，P、D、C、A 四个英文字母所代表的意义如图 8-1 所示。

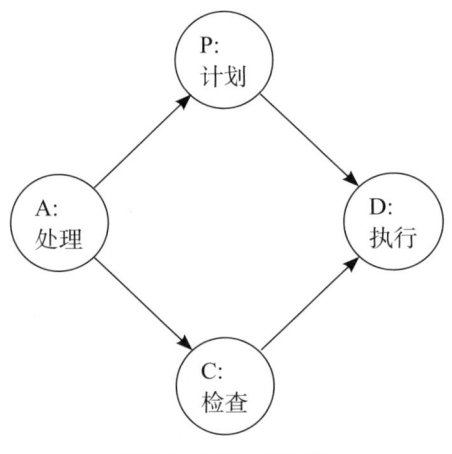

图 8-1  PDCA 循环图

P（Plan）——计划。它包括方针和目标的确定以及活动计划的制订。

D（Do）——执行。执行就是具体运作，实现计划中的内容。

C（Check）——检查。它是指总结执行计划的结果，分清哪些对了，哪些错了，明确效果，找出问题。

A（Action）——处理。对检查的结果进行处理，认可或否定。成功的经验要加以肯定，或者模式化或者标准化以适当推广；失败的教训要加以总结，以免重现；这一轮未解决的问题放到下一个 PDCA 循环。

PDCA 循环的四个步骤如图 8-2 所示。

PDCA 循环可以使管理人员的思想方法和工作步骤更加条理化、系统化、图像化和科学化。此外，它具有如下特点。

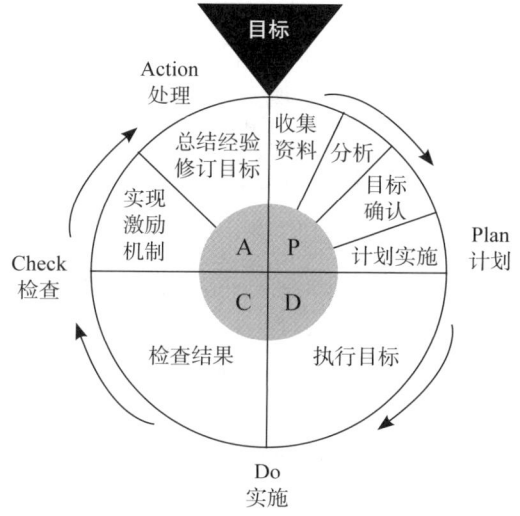

图8-2　PDCA循环的四个步骤

### 1. 大环套小环，小环保大环，推动大循环

PDCA循环作为管理活动的通用模型，不仅适用于整个工程项目，也适用于整个企业和企业内的部门、科室、工段、班组及个人。各级部门根据企业的方针目标，都有自己的PDCA循环，层层循环，形成大环套小环，小环里面又套更小的环。大环是小环的母体和依据，小环是大环的分解和保证。各级部门的小环都围绕着企业的总目标朝着同一方向转动。通过循环把企业上下或工程项目的各项工作有机地联系起来，彼此协同，互相促进。如图8-3所示。

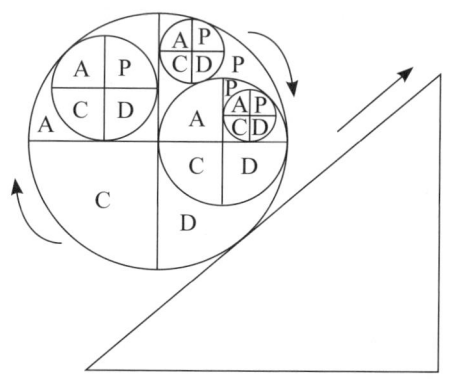

图8-3　大环套小环，小环保大环，推动大循环

## 2. 新环带旧环，持续改善，不断向前循环

PDCA 循环就像爬楼梯一样，一个循环运转结束，工作的质量就会提高一步，然后再制定下一个新的循环，再运转、再提高，不断前进、不断提高。因此，PDCA 循环可以实现一种持续的改善和上升。PDCA 循环不是在同一水平上循环，每循环一次，就解决一部分问题，取得一部分成果，工作就前进一步，水平就进步一步。每通过一次 PDCA 循环，都要进行总结，提出新目标，再进行第二次 PDCA 循环，使管理工作的车轮滚滚向前，持续改善。如图 8-4 所示。

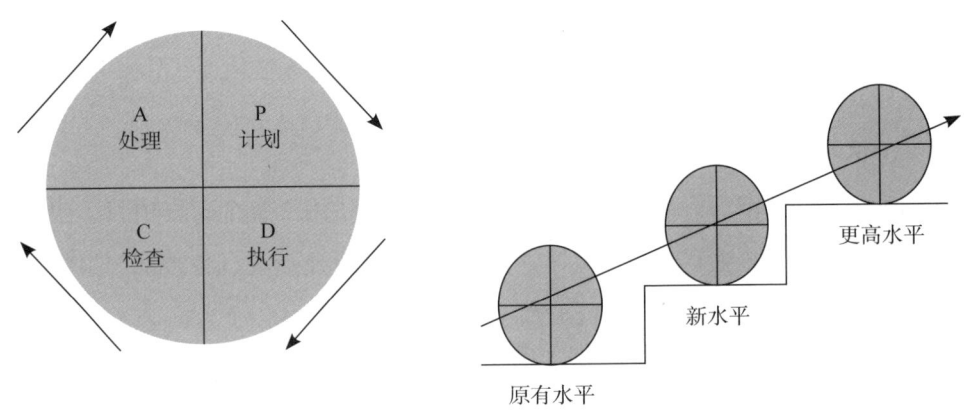

图 8-4　新环带旧环，持续改善，不断向前循环

在日本的丰田汽车、软银等公司中，以 PDCA 循环为核心内容的管理培训和资格证书，是员工第一次当团队主管的必备条件。原因在于，对基层管理者而言，学习管理从学习 PDCA 循环开始，是一种简单实用的方法。

在利用 PDCA 进行流程管理的过程中，可以结合迈克尔·哈默的流程再造理念来不断优化流程，即：增加流程中的增值环节，减少流程中的非增值环节。而且进行流程优化不是管理者一个人的事情，而是整个团队的事情。

因为团队成员身处流程中，往往最清楚流程的问题所在，通过发动团队的力量，才能真正优化流程，做好流程管理。

## 二、没有流程就没有管理

中西方管理方式和管理文化上的一大差别是：西方公司习惯于按流程办事，而我们的不少公司则喜欢临时决策。

一位部门经理在团队交流会上举了个例子。有一次，他乘坐的飞机在某机场出了故障，乘客被告知这个航班将换一架正从外地赶来的飞机，可此时乘务员已经超时飞行了。怎么处理这个"超时"？该机场一位负责人表示做不了主，要请示有关方面，时间被一拖再拖，机场一片混乱。这位在国外工作了10年的经理评价说，"这明显是缺乏办事流程"，乘务员超时飞行是个老问题，在国外，这类事早写到规章制度里了，"一二三四五，照着条文上写的办就是了，不管谁当班都能处理"。我们这里却是"乘客和航空公司都急得团团转"。

其实，用不着在国外待10年，只要与西方公司打几次交道，对他们那种"按流程办事"的做法就会有所体验。这种体验有时还相当强烈，因为对方的某些做法所表现出来的"流程意识"，几乎到了刻板的程度。一个会议日程表，能把从起床到就寝的所有时间段安排得滴水不漏，连早上有电话叫醒、10分钟休息在哪儿活动这样的细节都打印在表格上，而且执行起来绝不走样。曾有记者采访Sun公司总部，时间表上写着9点钟开会，当时不少记者还在吃饭，公司宣布"现在开会"了，一看表，一分钟也没等。有人把这种现象叫作"文本文化"，即把要做的事情一律形成文字，而且写下来就要照着做。

有人会不以为然，认为按照流程的条条框框执行，是自找麻烦，会把一件简单的事情做复杂了。那么大家有没有想过，这些条条框框是如何来的呢？难道制定流程的人，是为了给大家制造麻烦才这样要求的吗？举一个交通上的例子，交通法规有两个非常明确的规定：严禁超载和疲劳驾驶。这两条规定从何而来？事实上是从历年的重大交通事故调查数据中总结出来的。

即使是已经执行了多年，现在打开电视和报纸，仍然经常看到由此原因导致的交通事故，且不说造成的经济损失，就是人员伤亡，让亲友如何承受？交通法规是因为它事关人命，所以需要人人严格遵守；而工作流程事关工作开展，这是组织的灵魂，所以也需要人人遵守。如果编制的流程在某些地方确实不合理，它也不是一成不变的，而是可以按照适当的程序进行改进的。但是在改进的版本未发布之前，就要按照原有的要求执行，而不能以其需要改进为由不操作，否则不就是有法不依了吗？这叫作尊重流程。

还有人说，流程是把人僵化了，但是实际上不是流程僵化了人，而是人在理解流程时把自己僵化了。理解了流程产生的背景，还要理解流程要求的每一步为什么要这样做，而不是那样做，这就要充分了解流程的目的。

我们大部分人，执行观念不强，不尊重流程。即使人人理解了流程的内涵，也不能保障每个人都这样做。

事实上，设定流程的最终目的是提高工作效率，提高管理水平，从而节约管理成本。

建立流程的好处：使得工作有序进行，不致杂乱。在工作出现错误时可及时分析出是哪个环节发生了问题。由于每一个流程中的节点都有相应的责任人，所以很容易就可以找到相应的责任人。在员工进行流动时，不至于因员工的流动而使得工作进度缓慢。

成熟的公司需要稳健，而严格科学的运行程序是稳健的基础条件。这几年常有不少大公司换帅的消息，但公司照常运转，原因就是制定了一套流程管理方式。实达电脑公司老总说他们那儿"谁走了都不怕"，敢说这个话，底气也在于实达公司现在是"靠制度立业"。爱德曼国际公关集团中国执行总监认为，多数公司都认为成功的关键在于"高质量人才"的培养。但长期的经验却告诉他，有效的管理程序才是取胜的根本保证。如果光靠人，那么有一天他走了，他脑中积累的知识、经验，就会被带走。而靠程序管理就不会有那么大损失。"一个人走了，另一个人马上可以接着干"。

因此，任何人都不能轻视流程，不按照流程办事。只有遵守流程，才能把工作更好地执行到位。

## 三、走流程要讲方式方法

团队的生存与执行是否到位有着直接的关系，而在执行的过程中，我们也要根据工作的流程、工作的轻重缓急和正确的步骤来执行。

首先，我们要遵循工作流程。一旦接到任务，脑子里应该时时刻刻存有工作，要遵循"目标—计划—执行到位—评估"的流程来执行。所谓目标，是指明确地了解工作的目的何在，到何时做到何种程度，将可达到所设定的目标。计划是指以更有效的做法促使目标如期实现。

执行时需要注意的事项有：依据计划来正确、迅速地执行；严格遵守完成日期；不能照预定进度去做而不得不变更计划时，一定要向上司报告并接受其建议，千万不可独断专行；做到一半产生疑问时，一定要与上司商量。

至于评估，则须考虑以下几点：一是如果进行得不顺利，其原因何在？二是如果进行得很顺利，为何那么顺利？三是再确认一下其成功的原因。

如果这两方面都做好了，就不至于无法掌握工作的整体性和全盘性。尤其是组织的工作，必有其纵向、横向的流程，每位员工脑子里必须时时存在着目的、背景、与其他事情的关联性等概念。

其次，我们要分清工作的轻重缓急。在具体工作时，一定要考虑优先顺序，先做最重要的事，然后才做比较急迫的工作，万万不可先做自己认为好做或自己喜爱做的事，如此，可能会将重要的事耽搁，造成真正应该执行的事情没有执行到位。

那么该如何确定工作的优先顺序呢？一般来说，可以依据工作期限、重要程度以及性质来判断。站在公司的立场而言，一般都要求员工在交货期之前必须完成工作，所以，在做事之前，应该制定一个严密且可行的流程。

做事应坚持一个大原则，就是"今日事，今日毕"，绝不可拖到第二天。如果每天都无法将今日的事做完，就会累积一大堆工作，结果可能因此而赶不上交货期。

如果突然接获临时插进来的工作，最好跟上司或其他同事商量，请教他们该如何处理，避免出差错。不过，也不可什么事都去请教他们，最好是自己先做个考量后再去请教别人。

最后，我们要按照正确的步骤做事。一名员工在从事某一工作时，最好依以下步骤来进行，以获得事半功倍之效。

接受工作指示或命令。一般员工做某一工作时，会接到上司的工作指示。这时候，不能只听上司所交代的，还要明确地掌握工作目的才行，所以，员工要深思的事情有：工作目标是什么？为什么必须达到这个目标？何时达到？如何做会更好？

收集有关的资料、情报。即收集与工作的计划、执行等相关的文件、资料、情报，而且对于情报的选择，要有判断。

考量工作的步骤与方法。愈是需要长时间工作的事情，愈需要依照工作的步骤与流程来做，这样才有效率。

决定工作的步骤与方法。不妨从所拟定的几个方案中挑选较合理的，决定时应该考虑到"更早、更好、更轻松、更便捷"这几项因素，再做筛选。

制定行事表。实施时须留意：确实依照所计划的步骤和方法去做；很有自信地去执行；时时审核实际进度和预定计划的差距，必要时修改所定计划。

检讨与评估。从品质、期限、成本等层面，将工作的结果和当初的计划做一比较，如果不能达到预期结果，就应该找出其原因。

做完后，向上司报告结果。

像这样按步骤来完成工作，那么，执行到位就是一件很容易的事了。

**参考书目**

1. ［日］富田和成 . 王延庆，译 . 高效 PDCA 工作术［M］. 湖南：湖南文艺出版社，2018.

2. 彦涛 . 管理管到位就这几招［M］. 上海：立信会计出版社，2015.

3. ［日］木下雅幸 . 王星星，译 . 复盘成长：每天进步 1% 的 PDCA 工作术［M］. 江苏：江苏凤凰科学技术出版社，2020.

# 第九章

# 及时反馈，不留隐患

军事上，有两条克敌制胜的捷径，一个是"战场屏蔽"，切断敌军的通信体系，让敌军信息不能沟通，指令不能传递；一个是"斩首行动"，打掉敌军的指挥部，让敌军失去指令变成无头苍蝇。这两条做到一条，基本上再强大的敌人也会不堪一击。

上述两条捷径，落实到管理中，依靠的是"及时反馈"作为保障。作为一名指挥官，需要的是对辖区的知情及变化了然于胸。对每个下属的进展了然于胸，否则就无法做出正确的判断和行动部署。尤其重要的是，指挥官希望他的每一条指令都能被完全执行。最忌讳的就是执行者已经开始不按照指令执行了而上级并不知道实情，还在依据指令被执行的情况思考和部署下一步的行动。

这些情况，都是我们打败仗的征兆。造成上面这些现象的原因主要有：要么是因为信息没有形成回路，约定的事情被更改了，没有及时反馈给相关人员；要么是因为出现了新情况没有及时向上级汇报；要么是因为彼此的进展没有及时相互通报。

这些情况，通过践行"及时反馈"的方法，很容易解决。

## 一、正面反馈的原则

现在的员工，对于工作环境的重视甚至超越了对于薪资的重视。管理者留住员工的一个重要手段，就是塑造有吸引力的工作氛围，千方百计保持和强化员工的工作热情。在日常工作中找到员工的闪光点，做出积极有力的反馈，是营造团队和谐氛围的绝招。

反馈分为正面反馈和负面反馈两种。正面反馈以肯定与鼓励为主，相对负面反馈，正面反馈一般不会遭到员工的抵触，处理起来也比较得心应手。管理者在进行正面反馈时，应遵循以下三个原则：

### 1. 真诚

没有人会反感表扬和肯定，尤其是来自上级主管的认可。管理者在表扬下属的时候，最主要的是要表现出真诚的态度，要让员工真实地感受到上级主管确实满意自己的表现，而不是虚情假意地套近乎。管理者只有做到态度真诚，员工才会从管理者的表扬中感受到激励的力量，认识到自己的努力和付出确实得到了组织的认可，从而激发出更高的工作积极性。

### 2. 具体

管理者在表扬下属的时候切不可泛泛而谈，只是一句"表现很好"或者"做得不错"，下属难以确切知道究竟自己哪种工作行为受到了组织的认可，以致不知道如何在今后的工作中扬长避短。因此，管理者在表扬下属的时候，一定要具体地指出员工为何而受到表扬。比如，某员工的服务态度特别好，总是不厌其烦地向客户讲解公司产品的性能，最终使客户选择了公司的产品。管理者在表扬这名员工的时候，便应该具体地提示这个事件，认可员工对待客户的方式。

### 3. 建设性

即使对于十分优秀的员工，也始终有做得更好的空间，因此，管理者在表扬员工时，不要为了表扬而表扬，应该遵从建设性的原则，除了强化员工的正面表现外，还要给员工适当地提出一些建设性的改进意见，以帮助员工获得更大的改进和提高。关于如何进行建设性反馈，"三明治原则"非常有借鉴意义，即管理者在与下属沟通的时候，先表扬员工的工作成就，给予真心的肯定，然后再提出下属的小小的不足，提供改进意见，最后以肯定和支持地态度，再一次表示对下属工作前景的信心。

## 二、负面反馈的原则

负面反馈涉及的话题比较敏感，稍有不慎，就可能造成上下级之间的对立，因此管理者在进行负面反馈时，不妨参考如下建议：

### 1. 就事论事

当指出员工的不足时，应遵循对事不对人的原则，只对员工的不足之处进行客观描述，而不是进行人格乃至道德的批判。比如，员工在工作中出现了失误后，管理者不要对员工进行人身攻击，用一些诸如"笨啊""无可救药"等负面的措辞指责下属，而是应具体指出下属在哪一个环节做得不够好、组织所期待的工作行为是如何的。

### 2. 给员工台阶下

管理者在指出员工的不足时，应该设法为对方挽回面子，懂得一些让员工下台阶的技巧。比如，针对一项不太满意的工作任务，管理者可以这么说："我记得以前你在类似的工作任务中表现都很出色，这次可能是大意了。"在这种情况下，员工一般会说："是啊，是啊。"从心里默认自己的失误，并对上级的宽容感激不已，从而对反馈持较正面的态度。

学会倾听，不要一味地只是向下属传达自己的想法，而是充分给予下属解释自己工作行为的机会。有的管理者在进行面谈时，只是喋喋不休地一边指责一边命令，使面谈成为只有一个听众的演讲，缺乏真正的信息交流。反馈的核心目的是改善员工的绩效，如果管理者不知道员工的真实想法，将难以在团队绩效改善方面取得好的进展，因此反馈是双向沟通的过程，并不是要管理者承担信息的主要传播者，单方面地把信息传播给下属，而是强调沟通的互动，管理者在面谈的过程中要认真地倾听员工关于工作行为的解释和说明。在倾听时，管理者应该抛弃既有的偏见，耐心地听取员工讲述并不时地概括或重复对方的谈话内容，以便全面地了解员工工作的实际情况。

### 3. 运用 BEST 法则

BEST 法则又叫"刹车"原理，是指在管理者指出问题所在，并描述了问题所带来的后果之后，在征询员工的想法的时候，管理者就不要打断员工了，适时地"刹车"，然后，以聆听者的姿态，听取员工的想法，让员工充分发表自己的见解，发挥员工的积极性，鼓励员工自己寻求解决办法。最后，管理者再做点评总结即可。

BEST 法则即在进行绩效面谈的时候按照以下步骤进行：B (Behavior description)——描述行为；E (Express consequence)——表达后果；S (Solicit input)——征求意见；T (Talk about positive outcomes)——着眼未来。

关于 BEST 法则的运用，举例如下。

某公司市场部的小周经常在制作标书时犯错误，小周的部门主管应用 BEST 法则对其进行了绩效反馈。他们之间进行了如下的对话：

主管："小周，8 月 6 日，你制作的标书，报价又出现了错误，单价和总价不对应，这已经是你第二次在这个方面出错了。你的工作失误，使销售员的工作非常被动，给客户留下了很不好的印象，这可能会影响到我们的中标及后面的客户关系。小周，你怎么看待这个问题？准备采取什么措施改进？"

小周："我准备……"

主管："很好，我同意你的改进意见，希望在以后的时间里，你能做到你说的那些措施。"

### 4. 共同探讨改进措施

只有让员工参与了关于工作改善的探讨，员工才易于对管理者的期望做出承诺，从而采取实际行动改善自己的绩效。在提出关于改善的措施时，管理者最好先让员工自己提出相关的建议，如果建议不是很有效的话，管理者再提示员工提供更好的建议；如果员工的建议仍然不是最好的话，管理者便可向下属讲述自己的主张，对下属提出期望。

### 5. 愉快结束面谈

如果在面谈的过程中，管理者与下属出现了分歧冲突，或者由于其他意外的事情被打断，管理者应该暂时结束面谈，以积极的方式肯定员工的付出，对员工今后的工作表现出信心，而不是在消极的氛围中结束面谈。

管理没有绝对的对和错，只有对自己的团队而言是否合适。反馈是团队工作中必不可少的环节。人们通常认为给予负面反馈就是得罪人。如果用管理者主观思维去评判员工的工作成果，当然会出现一些不想看到的负面结果。但是，只要在双方的谈话中始终保持理性客观的态度，像一面镜子一样反映出员工真实的工作状态，始终将重点放在工作探讨上，即使是负面反馈，也会赢得员工的尊重和信任。

 **参考书目**

1.［日］中原淳.蓝朔，译.反馈管理［M］.北京：民主与建设出版社，2020.

2.孙陶然.有效管理的 5 大兵法：用文化管公司［M］.北京：中国友谊出版公司，2018.

3.樊登.可复制的领导力［M］.北京：中信出版社，2018.

4.彦涛.不懂带人，就当不好经理［M］.上海：立信会计出版社，2016.

# 第二篇
# 团队赋能的八项修炼

# 第十章

# 培训每个团队成员

优秀的团队管理者不仅仅在于完成任务，完成任务说明我们是成功者，通过帮助他人完成任务说明我们是称职的管理者，但最高层次是一方面培训下属，另一方面帮助他们完成任务。培训下属能提高他们的能力水平，改善工作质量，我们自己和团队也能从中获益，因此会形成共赢的局面。最终结果怎样？我们会成为增加下属价值的管理者，因此他们会主动寻求帮助并自愿追随我们的领导。

任正非在一次内部讲话中说道：

"我们坚持人力资本的增值大于财务资本的增值。我们尊重知识、尊重人才，但不迁就人才。不管你有多大的功劳，绝不会迁就。我们构筑的这种企业文化，推动着员工的思想教育。"

华为公司十分重视对员工的培训工作，每年为此的付出是巨大的。原因一是中国还未建立起发育良好的外部劳动力市场，不能完全依赖在市场上解决；二是中国的教育还未实现素质教育，毕业的学生上手的能力还很弱，需要培训；三是信息技术更替周期太快，老员工需要不断地充电。公司有多少种员工培训中心，我也不清楚。总之，员工之间的相互培训，已逐渐形成一种制度。

"我们尊重有功劳的员工，给他们更多一些培训的机会，但岗位的设置一定要依据能力与责任心来选拔。进入公司以后，学历、资历自动消失，一切根据实际能力、承担的责任来考核识别干部。"

# 一、培训让员工展翅高飞

员工培训虽然提了许多年，但不少经营者并未将管理训练与考核绩效、升迁、加薪、奖惩等人事决策适当挂钩，顶多只是将培训当作参考而已。而且公司往往只注重短期培训，忽略长期规划。由于知识与管理技巧的日新月异，不论何时何地都应保持与时代潮流同变的雄心，不断接受不同性质的培训，规划出长期、见树又见林的组织培训计划。

培训的目的旨在提高效率，培训是工作的一部分。如果要员工无后顾之忧、精神饱满地进入培训教室，就要尽量以尊重员工私生活、休闲生活的原则来进行培训。每个企业所面临的外在挑战不同，内部人员素质也不尽相同，因此，在举办培训课程时，务必顾及公司与员工的需求，事前透过需求分析，拟定培训计划，这样才能真正地达到训练目标。

如何才能有效地达到培训目的呢？有效的培训，对个人与公司都会有很大助益：它发展了新的来源，可协助该体系进步；强化了公司的完整性；加强了隶属于该公司文化的骄傲；改进了想法与决策。它可驱使我们经由对现状的一种健康的不满，来达到更高的成就。

因此，认同教育培训的公司，相信对个人的注意及认可是改进工作表现的有力工具。所以"培训"换言之就是肩并肩工作、扮演教练的角色。培训是每个人的工作，任何时候，它都是一个持续的过程，在公司中的每一阶层均会发生，同时也是使公司保持活力、持续成长的主要原因。

有效的训练，需靠个人与公司双方共同努力。而人员接受培训的质与量则影响了两件事：工作表现的结果及员工离职率。因为适当的培训对员工的留职有正面的影响：接受适当训练的人员，能以更多的信心、热情去从事他们的工作。这些良好的感觉除了可提高个人工作品质外，同时使公司更进步，成果更好，也更容易管理。较低的员工离职率与高度的工作表现，对一个成功的企业是十分重要的。

有效训练应该如何设计才能达到预期目标？它是有原则的：

人员对于第一次学的东西，记得最清楚。第一次就教导人员如何正确地做，比事后再回来纠正他们更容易。这就是为什么有些成功的公司，会再三强调职前培训。

人员经由各种不同的活动和方式，可得到最好的学习效果。在培训过程中，使用感官（视觉、听觉、嗅觉及触觉）的次数越多，则会越快获得新的技巧。因此在培训中若能同时使用短视频、PPT资料、示范，那实习的方式、效果更佳。

人员在学习新事物时，如果内容和他们已经知道的事有关的话，学习效果较好。因此若使用阶梯式的培训方法，逐渐增加其知识与技巧，效果更扎实。

人员对他们所做的事需要回顾。良好的工作表现需要正面认可，而不好的工作表现，必须尽快更正。在成功的培训系统中，追踪是非常重要的步骤。

人员在一个有趣及刺激多的环境中，学习效果最好。所以你可以经常组织一些有意思的团队活动，培训他们的团队合作精神，让每个员工都能感受到自己的一份热量。

在公司的组织发展和人才培养方面，要立足于公司内一整套规范、严谨、完善的培训体系和内部晋升制度，从而形成自己的培训文化，构成企业文化的重要特点。

培训长期化、制度化才能形成良好的公司培训文化。同时，形成良好的培训制度是吸引人才和留住人才的重要举措。

联合航空运输公司是一家服务性机构。在对待顾客方面，公司的价值观和事业能否取得成功，取决于公司全体成员有效履行本职职责的程度。

公司秉持"以人为本"的原则，注重人力资源开发。各级管理团队必须明白，把时间和金钱明智地运用于公司的人力资源开发，是这个系统最重要的投资之一。

公司的每位员工最终都必须为自己的发展负责，成为公司团队中才干日益增长的一员。各位经理和督导都有责任发展下属，为他们的工作创造氛围、提供条件并指出方向。负责培训的管理者和专业人士，有责任和经理及督导们一起，共同创造条件和提供机会，发展员工的技能、知识和态度。

公司的工作必须具有灵活性，能够适应变化。这取决于公司有效培训员工的能力。因此，公司的政策很重要的一点是，聘请一批培训专家，确保很好地组织、协调及执行培训计划，确保运用最适合的培训方法。

## 二、不同对象不同培训方式

不同的培训对象和培训内容，需要不同的培训方式，从而形成了不同的培训类型。实际工作中，培训的类型多种多样。其中，从培训内容出发进行培训类型划分，在实际工作中特别重要。

### 1. 培训内容的一般分类

员工培训的完整内容是，通过各种引导或影响，从知识、技能、态度等方面改进职工的行为方式，以达到期望的行为标准。

一个公司的员工培训工作，应包括三方面的内容：

第一，知识培训。通过这方面培训，应该使员工具备完成本职工作所必需的知识，包括基本知识和专业知识。还应让员工了解企业的基本境况，如公司的发展战略、目标、经营状况、规章制度等，使员工能较好地参与公司活动。

第二，技能培训。通过这方面培训，应该使员工掌握完成本职工作所必备的技能，包括一般技能和特殊技能，如业务操作技能，人际关系技能等，并培养开发员工这方面的潜力。

第三，态度培训。员工的工作态度对员工士气及公司影响甚大。通过这方面的培训，应该树立起公司与员工之间的相互信任，培养员工的团队精神，培养员工应具备的价值观，增强其作为企业一员的归属感和荣誉感。

### 2. 培训内容的具体分类

知识、技能和态度是培训员工工作的三大内容。每一个方面的内容，又可以进行具体划分。其中关于技能内容的划分，对培训工作有直接的指导作用。

第一，最高层管理人员技能培训。培训内容主要是领导艺术培训，包括如何指导下属就职、如何完成特殊委派等；同时，也培养最高层的管理技能，如转变管理体制和制定战略决策的方法等。

第二，经理技能培训。培训内容包括决策计划技能和交流协作技能；时间管理、项目管理、辅导员工、制定工作目标和指导下属等。

第三，主管技能培训。培训内容包括基本人际交流技能、执行政策、辅导员工、时间管理等。

第四，职业技能培训。培训内容广泛，如各科专业技术培训、处理紧急情况的技能培训、计算机技能等专项技能（如财务、采购、工程等技能）培训等。

第五，营销技能培训。现代企业注重营销工作，因而营销技能培训受到普遍重视。其内容包括培训销售人员，介绍新产品，提高销售经理的规划能力和市场调查能力等。

第六，安全和健康培训。其目的是在降低劳动保护成本的同时，确保工作场所的安全和人员健康，内容越来越多地涉及如何处理工作压力和建立健康的工作生活方式。

第七，新员工上岗技能培训，是为确保新员工有一个良好开端而进行的工作技能培训。涉及的内容可以小到工作场所和操作方式的基本介绍，大到介绍公司文化的方方面面。

## 三、把握员工培训的规律

员工培训作为一种特殊的学习活动，有着特定的规律。掌握这些规律，对于提高培训活动的效率具有重要意义。从总体上看，在员工培训工作中，应该注重如下几个方面。

### 1. 明确目标

人们的行为目标规范着他的行为方式。一般说来，高标准的目标总是比低标准的目标更容易导致高水平的绩效。因此，培训者的一个重要任务，是使受训者认同培训项目的目标。在实际操作中，有一些问题尤其需要注意。首先，从培训开始起，就要注意在每个关键时刻向被培训者传达学习的目标，建立起一种目标导向的学习模式。其次，在设计目标时要注意难度。一方面需要受训者花费气力方能达到；另一方面也不要过难，使受训者无法达到。这样的培训项目既有挑战性，又不至于让受训者产生挫折感，影响员工的学习信心。为此，常常需要将整体目标分解为一个个子目标，通过小测试或样本工作任务的事实，使员工不断保持成就感。

### 2. 行为示范

人们通常通过树立榜样来表明什么是理想的和恰当的行为模式。如果榜样的行为能得到某种奖励和补偿，必然会强化与榜样类似的行为。在员工培训中，为了增加受训者对榜样的认同感，必须注意所树立的榜样与学习这个方面的人条件相似。最好使用关键行为表，对榜样的行为进行清楚和详细的描述。示范行为应从易到难，而且要有一定的重复率。

### 3. 事实材料

事实材料能使受训者产生丰富的联想，有利于受训者理解和接受培训内容。因此，应首先概述培训主题，使受训者理解培训活动中相关题材之间的联系。然后尽可能使用较多的受训者熟悉的事例来讲授材料，以使学习要点鲜明生动。

### 4. 亲自实践

积极地实践是掌握所学知识和技能的重要环节。虽然这种做法会增加培训成本，但是只有通过充分的实践活动，员工所学的行为方式才能成为自然的行为习惯，才能确保受训者真正掌握所学内容。在培训的初期，培训者应该直接监督受训者的实践活动，以及时纠正受训者的偏差，防止其错误固定化。通过培训者的指导和调整，使员工所学的内容成为一种条件反射，这对受训者实现从学习到实践的转换是很有意义的。

### 5. 效果反馈

反馈也是增强培训效果的重要一环。员工应该在其行为发生后及时知道后果，并能够将行为与结果两者紧密地联系起来。反馈的重点是告诉受训者何时何地以何种方式正确地完成了何种工作。

反馈的方式有：直接给受训者有关某行为正确与否的信息，从而提高调整今后行为的依据。强调他人对自己学习的关注，以增强学习的动力和信心。反馈要及时，以防止受训者混淆行为因果之间的联系。

在实践中，还要处理好正面反馈和负面反馈的关系。正面反馈给予补偿，目的是强化受训者正确的行为。最有效的补偿来源是受训者的直接上司。负面反馈则是惩罚，它会导致对某种行为的抑制。在培训过程中，惩罚往往会引起受训者强烈的挫折感。

## 四、辅导员工的四个步骤

一支军队，无外乎三件事：招兵、练兵和用兵，做好了，就是一支召之即来，来之能战，战之必胜的铁军，可以攻城略地；做不好，就是一群一触即溃的散兵游勇。

团队主管有三个主要职责，分别是：找对人、带好人、管好人。找对人解决想不想的问题，带好人解决能不能的问题，管好人解决好不好的问题。找对人的关键是物色到有强烈的野心、企图心和梦想的人，这些人有成功的欲望，有使不完的激情，很容易完成任务。带好人的关键是做好培训、辅导和教练，培训重在知识，辅导重在技能，教练重在自省。

如何加强团队员工的辅导？主要有四个步骤，通常叫作"辅导16字方针"，简称"辅导四步法"，内容是：我干你看，我说你听，你干我看，你说我听。如表10-1所示。

表 10-1　辅导 16 字方针（辅导四步法）

| 第一步 | 我干你看 |
|---|---|
| 第二步 | 我说你听 |
| 第三步 | 你干我看 |
| 第四步 | 你说我听 |

我们在对员工进行辅导时，要注意"四步法"的顺序不能颠倒。

### 1. 我干你看

这一步有几个核心点。首先，要学会做分解动作，把我们的工作流程拆解成若干个环节，例如销售，就有收集客户资料、电话筛选客户、高效开场、挖掘需求、介绍产品、处理反对意见、包装技巧、铺垫技巧、成交技巧、交叉销售等工作。然后，要像驾校教练一样，耐心、友好、专业，反复地给学员做示范，做给学员看，直到他搞懂为止。

### 2. 我说你听

这一步的重点是描述行为思路和解释关键步骤。描述行为思路是给员工说清楚每一个动作和每一句说词的背景和原因，让他知道为什么这么做。解释关键步骤是把每一个动作和每一句说词最关键、最核心的点解释清楚，让员工知道怎么做可以做到位、有效果。

### 3. 你干我看

这一步的重点是复制辅导内容和随时纠偏查错。复制辅导内容是让员工把我们做给他看的每一个动作和每一句说词再做给我们看，这样可以看出他领悟和掌握的程度。随时纠偏查错是在员工做给我们看的时候，如果我们发现错误的地方，随时中断他的演练。就这样重复"我干你看""我说你听"，如此循环下去。

### 4. 你说我听

这一步的重点是思考实际原理、表达领悟行为和总结消化吸收。思考实际原理是让员工把我们解释的每一个动作和每一句说词的背景和原因复盘给我们；表达领悟行为是让员工表达自己的感受和与之前的差异点；总结消化吸收是让员工针对整体的辅导过程谈自己的心得感悟和得失。

"辅导四步法"最重要的是第一步，即"我干你看"，而不是"你干我看"。

团队管理是个技术活儿，更是一门艺术。在实际工作中，不断提升管理的技能，增强管理方面的功力，我们一定能成为一名合格的、优秀的团队主管。

 **参考书目**

1.［美］罗伯特·迪尔茨.庞洋，译.归属感［M］.吉林：北方妇女儿童出版社，2015.

2.［美］埃米尼亚·伊贝拉.王臻，译.能力陷阱［M］.北京：北京联合出版公司，2015.

3.李智慧.管理者每天读点领导学知识［M］.北京：海潮出版社，2011.

4.张永钢.战斗2：阿里铁军销售主管养成笔记［M］.北京：当代世界出版社，2019.

5.彦涛.不懂带人，就当不好经理［M］.上海：立信会计出版社，2016.

# 第十一章

# 营造年轻人喜欢的组织氛围

新东方教育集团创始人俞敏洪在其自传里说："这个世界的未来永远属于年轻人，不管他们有多少缺点。我希望等我离开这个世界的时候，我的墓碑一定要刻上这句话：'他一生与年轻人为伍。'如果那一天只有一个人来看我，我希望这个人不是徐小平（新东方教育集团联合创始人），而是一个年轻人。"

这个世界属于年轻人，未来必然属于年轻人，必然属于 90 后、00 后。到 2025 年，3/4 的职场人士都是 90 后。这意味着在不久的将来，90 后会逐渐成为职场的中坚力量。崇尚自我，不好忽悠，鸡汤免疫，不差钱，不喜欢规矩和约束，信服"大牛"，不服权威……这些都是 90 后的共性。如何在团队里管好他们，对所有企业经营者和团队管理者都提出了新的挑战。

年轻人工作首选就是要有一个好的氛围。氛围就是员工工作的环境。与大团队相比，小团队中官僚作风、圈子文化之类的恶习更少。上下平等、制度透明的组织氛围，让年轻人感受到自己更受尊重、更被认可、更加自主，他们也因此会更积极、更主动地去发挥自己的才能。

华为前高管吴建国先生曾讲过他的一段经历，他说："近期，我接触了几家年轻的互联网企业，深切感受到与传统企业在组织氛围上的巨大差异。这些企业中，往往没有'这总那总'的称呼，人人都可以直呼其名。不仅如此，在管理层会议上，任何人都可以发表自己独立的意见，当彼此意见相左的时候，不论职位高低，都会争得面红耳赤，但最终又总能够统一到公司大局上来，形成基本一致的意见。"

当小团队充分发挥这种氛围的优势力量，自然能吸引和激励有才华、爱奋斗的年轻人，并竭尽全力与团队成长过程中出现的官僚和腐败之风作战。

## 一、好的环境留住人才

对于员工来说，选择公司的时候，工作条件是否舒适是重要的参考因素之一。办公地点的选择，办公环境的布置，上下班班车舒适与否，员工专用停车位的设置等，都是员工所要考虑的因素。在公司的某个角落建一个小小的吧台，柔和的灯光下可以看看新近的杂志，对于员工来讲绝对是很大的诱惑。其实大多数的员工对工作都怀有一点小小的虚荣心，很多公司在招聘过程中突出工作条件的优越性，也是抓住了这样的一个心理。

著名管理学家德鲁克说过："人是我们最大的财产。"但是为人创造一种才尽其用的环境更为重要。能否吸引并留住人才是一个公司成功与否的关键，而良好的工作环境是吸引人才的关键。

这里所说的工作环境，是"硬件"和"软件"两个方面的综合。"硬件"包括物质报酬、办公设施等。创办小米公司的雷军说过："舒适的办公环境让员工的心情更舒畅，才能够更好地工作。"

世界上最好的办公环境是谷歌，小米公司的大滑梯便是仿效谷歌而成；"带着床铺上班"的是华为，每一位员工的桌下都放置着一张折叠床，到了中午时间，他们就会把床拉出来，拉上窗帘，关上窗，进行午休；艺术氛围比较强的应该就是小米了，小米为员工布置出了一个开放式艺术画廊。

小米巴西总部的项目旨在通过办公室反映公司的价值观和特点，巴西当地的设计团队寻求创造一个轻松愉快的环境，建立一个独特的审美，以满足客户的要求。看似统一和谐的空间调性实际上按照不同的材料做了分区，工作区有它该有的简约与功能性，休闲区又给人放松和愉悦的感觉。

橙色是小米公司的标志色，设计师在空间上做了大量运用。如今许多办公空间的设计都强调空间灵活性这一功能，以便于公司进行业务调整时，办公室可能需要调整不同的使用方式。

从另一个角度来说，要想让员工保持对事业的热爱度，就应该找到员工的热爱点，为员工创造一个"热爱"的办公氛围。只有这样，员工才会愿意继续学习，继续研发，继续保持一颗热爱工作的心。

管理者要想让员工为团队更好地工作，就必须为员工提供良好的环境，让员工处在这样的环境中，身心都能够得到放松，以发挥自己最大的潜能。

## 二、给员工提供一个平台

用人就要为人才创造良好的环境。大多数团队管理者心目中的理想员工是这样的：对工作有激情，喜欢新的工作内容，希望参与较大项目，希望学习新东西，希望建功立业等。但是，团队能否具备吸引这样的员工的条件？或者说，有没有为员工的雄心勃勃提供发展的空间？所以，真正聪明的管理者是用这样的条件去吸引他想要的员工，即充分的发展空间、专业的挑战性、工作的创造性和各种各样的机会，而不是刻意地挽留。

为了让每一名员工都有事可干，团队必须将自己的总体目标细化，使每一名员工都有明确的工作目标，并以此作为对员工进行考核的标准。目标的制定要特别考虑两点：一是要考虑员工的兴趣；二是要有一定的挑战性。只有每一名员工都有了自己明确的目标，他才会感到自己在公司"是有用的人""是有奔头的"，才愿意在公司长期地干下去，这便是许多经营者常挂在嘴上的"事业留人"。

让员工了解团队的发展目标，使员工在团队发展过程中获得成功。如果团队能够通过为员工制定职业生涯规划，使员工看到团队的发展前景，看到其自身在团队的希望，他便会全力以赴地投入工作。

对于许多管理者而言，我们对待员工的态度中总是含有一丝的恐惧："我的员工这么能干，他会不会取代我的位置？不行，我要先采取行动，可不能让他的业绩超过我。"这种想法对于团队的发展来讲是极其危险的，遏制了员工个人潜力释放的同时也造成了团队发展的停滞。如果管理者是这样的一个人，员工会选择离开。所以，在团队中衡量一个管理者工作有效性的尺度之一就是考核其员工业绩，如果他们得到了很好的发展，就会更容易接受团队的其他任务，自然会增加对团队的忠诚，会留下来。

许多岗位要求从业人员具有一定的资历、教育背景、专业声望等，管理者如果想招收并留住这些岗位的专业人员，就要展示对他们的地位和资格的尊重。这种尊重和赞赏会有所回报。轻视专业声望，管理者就会"迫使"一些重要员工转而寻求那些认同他们职业特征的团队。

树立员工专业声望的方法有：在团队的各项宣传中标明头衔；在员工的个人名片上充分显示；鼓励员工参加各项活动和继续教育；为员工专业知识的使用提供工作舞台。

任何一项业务都有起步、成长、成熟、衰落的生命周期，因此，持续成长的团队必须是这样一幅景象：一方面是拓展守卫核心业务，另一方面是不断建立新业务和找寻有生命力的候选业务。这样既是团队持续成长、永续经营的必然要求，又是能赋予团队里那些关键人才新的工作机会，保证他们持续的工作激情。

## 三、营造 90 后喜欢的团队氛围

团队氛围又叫团队的温度计，是人对工作周边环境的体验与感觉。影响团队氛围的因素有很多，主要包括对团队成员的激励方法、企业文化、管理风格、信息沟通方式等。

研究表明，薪酬制度只能让员工发挥 20% ~ 30% 的能力，而高绩效的团队氛围能够使员工发挥最大的潜力。具体的表现就是业绩好、效率高、沟通顺畅，员工队伍有能力且充满激情。

然而，建设年轻人喜欢的团队氛围，需要有一套"组合拳"，从上到下、从里到外系统性地去搭建，而不仅仅只是通过户外活动、聚餐、唱歌等团建活动去打造。

吴建国老师所著的《华为团队工作法》一书中，专门分享了华为针对90后年轻人在团队氛围营造方面的两项关键性举措，值得我们借鉴、参考。

### 1. 搭建互动平台，让员工大胆地发表意见

华为建立了内部网站"心声社区"。公司绝大多数重大和非重大的政策、决定，包括任正非的讲话、各级高管的讲话都会第一时间发表在内部网站上，让20余万名员工评头论足。发帖者可以实名，也可以"穿马甲"，谁都不允许追查发帖者，而且这个匿名制度执行得非常彻底：任何人想去了解"马甲"背后的真实身份，必须经过任正非本人批准。

任正非曾经遇到过这样的事情：心声社区的负责人找他，说有一条信息批评了公司某位高管，这位高管要查发信息的员工的工号。任正非说："好啊，把我的工号告诉他。"这个人拿着任正非的工号去查的时候，发现是任正非的工号。在这个平台上什么话你都可以讲，但谁都不允许去查是谁说的，因此华为的心声社区被称作"透明的玻璃社区"。

在20余万人的监督和广泛的民主参与下，华为总体上仍能保持相对健康向上的组织文化，庞大的组织仍然具有强大的活力和凝聚力。一方面，各级高管被置身民主监督的氛围中，另一方面，公司也从员工跟帖中，吸收了大量丰富的思想营养和许多有价值的意见和建议。任正非说："我在跟帖中看到的是'将星在闪耀'。"心声社区成为华为内部民主的"罗马广场"。

除了心声社区之外，华为员工还有其他的沟通渠道，比如在务虚会上可以进行例行的思维碰撞，发散讨论，管理者也可以听听大家的想法；茶话会是华为特色的员工心声平台，它为大家解答疑惑，解决问题；战略技术研讨会（STW）更是一个面向公司高层、免责的"罗马广场"；华为大学培训中，有一个环节是针对公司价值观进行大辩论，允许有反对的观点，只要是动了脑筋的、有水平的观点，都可以过关；甚至有员工在大会上当面批评任正非，他说："我没生气啊，我生气的是那种唯唯诺诺、根本就不动脑筋的人。"

### 2. 关怀身心健康：重成果，不提倡加班

华为把工作的含义定义为：工作可以是享受，也是生活的一部分。

很多人在进入华为之后，会潜移默化地接受这种观念，最后发展到为工作废寝忘食，以办公室为家。努力工作是为了幸福生活，如果工作与幸福生活相差万里，工作就失去了意义。

2008 年，华为首次设立首席员工健康与安全官，并专门成立了健康指导中心，规范员工健康标准和疾病预防工作，为员工提供健康与心理咨询。对于在海外艰苦地区进行工程项目的员工，每半年要进行强制性体检，体检通不过的，不再留驻艰苦地区工作。华为南京研究所正在研究一个名为"SHIPS"的系统来检测员工的身心健康安全。"SHIPS"能动态、实时地监测员工、团队的健康状况，及时对有风险的员工、团队进行预警，提示其直接主管甚至是公司领导及时关注，以有效避免健康问题的发生。

华为奉行奋斗者文化，但是加班绝不等同于华为的奋斗精神。华为要求普通员工加班需要进行申请，获得批准后才可以加班。即使需要加班，在夜间加班之后也应立即安排次日调休。华为不提倡加班，因为"SHIPS"系统曾检测到，盲目加班反而会影响工作效率。员工持续性加班却不能达到正常的工作效率，反而会浪费人力成本。

虽然华为的这些关怀看起来很平常，但是把这么多种关怀都考虑到而且落实到位，却是很不平常的，值得其他公司和团队学习、借鉴。

## 四、年轻团队的管理法则

领英联合创始人雷德·霍夫曼说："新的契约模式，是在预见雇佣关系变幻无常的基础上，寻求建立信任、投资关系的方法，但与此前牢固的忠诚纽带不同的是，此时双方都在寻求'联盟'中的共同利益。"团队管理的重点在于人心，如果想引导 90 后年轻群体融入团队，那么就要掌握他们的心理，赢得他们的信任。

### 1. 彼此做职业承诺

有一位"80后"团队主管感慨道："现在领导越来越难当。过去我们进入公司，那是一腔热忱。现在的年轻人，都是走一步看一步。"

有一位"90后"年轻人刚从面试办公室出来，就决定放弃眼前的工作机会："他们在反复地发出信号——你准备好为我们'996'了吗？太可怕了。"

一位刚裸辞的"90后"抱怨道："我感觉自己像个奴仆，随时为领导效力。"

今天，整个社会在从严格的科层制度向流动的"去中心化"发展，不仅终身雇佣制的企业近乎消失，员工和同一家公司捆绑在一起的时间也越来越短。加入公司的不是走进婚姻的殿堂，一个人的整个职业生涯，已经成为童话了。

凯文·凯利在名为《必然》的一本书里记录了这样一些很有意思的现象："优步作为打造了知名打车软件的科技公司，却不拥有任何出租车；阿里巴巴作为很有价值的零售公司，却没有任何库存；爱彼迎作为知名的短租住宿供应商，却并不拥有任何房产。"

年轻人从学校毕业，走上工作岗位，他和新环境建立关系时，需要明晰的身份感来指引航向。我们要不要把招来的年轻人当成"雇员"？很显然，他不再是工具或资源，他要的身份是"盟友"。团队和他是自愿、互惠的"盟友"。

成为工作上的"盟友"后，团队和员工发生了很多微妙的变化。比如，在办公室里的措辞变了，迪士尼称自己的员工为"演员"，腾讯将自己的员工叫作"内部客户"，星巴克认为"没有员工，只有合伙人"。做事情的方式也变了，一家之主的作风不见了，比如差遣下属去打盒饭、买咖啡等。得到公司的首席执行官脱不花看到下属给罗振宇倒茶，她立即制止道："你有更重要的事，罗振宇自己有手。"有公司开始逆向评估，了解员工对主管的评价，并纳入主管的奖金体系。

更重要的是，员工改变了解决问题的思路和规划未来的视野。"盟友"

的身份让他成为一个负责任的成年人，一个工作自主、自我提升和自我激励的成年人。

中通快递公司董事长赖梅松提出："中通不是一个人的中通，是所有人的中通。"员工以合作伙伴的身份加入，赖梅松帮助员工从就业走向创业，同建共享的理念。30万人的公司，辛苦的行业，员工照样干得热火朝天。

有了身份，就有了尊严，有了归宿。团队主管和员工之间做出职业承诺，互相成为"盟友"，这是员工个人腾飞的跳板，也是团队成功的基石。

### 2. 关注他们的成长

在工作中提升技能，工作成果是副产品。关注员工成长的意义要大于关注业绩的增长。管理团队时难免会遇到很多问题，如年轻员工不听从命令，团队业绩止步不前，遇到瓶颈，成员人心涣散……有时管理者很焦急，团队成员看起来都很有潜力，为何团队业绩却始终不尽如人意？

原因很简单，在于管理者不明白年轻员工想要的究竟是什么。

优秀管理者应抽出时间与年轻员工深入沟通，了解他来到团队的目标是什么，以后的梦想是什么。如直接询问："你来到团队，希望能从中获得什么？"如果员工回答直接肯定、毫不犹豫，则表明这名员工的目标感极强。此时管理者要做的事就简单了，就是将目标分解，将其与团队目标相对照，看下这两者如何结合才更为妥当。

当然很多时候会遇到迷茫的员工，他也不知自己想要的究竟是什么。对此，管理者可以说："如果你不知道自己想要什么，那么我可以帮助你创建一个。我希望在以后的时间里，你能在这里愉快地工作，跟其他人谈起工作时你是幸福的、骄傲的，不会羞于谈论公司的名字，希望你能在这里工作得开心。"

明确年轻员工想要的是什么，才能将团队目标与其个人目标结合起来，以便发挥出最大的战斗力。彼得·德鲁克说："在动荡的时代里最大的危险不是变化不定，而是继续按照昨天的逻辑采取行动。"自上而下地灌鸡汤，不如自下而上地捕捉员工心中的梦想，并公开支持这个梦想，他们会变得比想象的更强大。

### 3. 自上而下公平管理

希望年轻员工尽快融入团队，那么管理者应先做好自身的工作，要让他们看到我们与他一样都在朝着共同目标而努力，没有特权，对每个人都公平公正。

我们如果希望年轻员工不迟到，那么就应每天提早到办公室；如果希望成员多多沟通，那么应主动跟他们沟通；如果希望团队成员有责任心，那么就要言出必行。

身先士卒的影响力是巨大的，它能带领年轻员工快速融入团队，很快成长为团队的中坚力量，为团队发展贡献力量。

 **参考书目**

1. 吴建国. 华为团队工作法［M］. 北京：中信出版社，2019.

2. 俞敏洪. 在对的时间做对的事［M］. 北京：中信出版社，2016.

3.［美］莉兹·怀斯曼. 潘婧，译. 团队赋能［M］. 北京：中国友谊出版公司，2019.

5. 孔暄著. 90后员工该怎么管［M］. 北京：中国商业出版社，2017.

6. 戴愫. 不懂年轻人你怎么带团队［M］. 北京：北京联合出版公司，2020.

7. 快资讯网站. https://www.360kuai.com/pc/9650143405524ac2a?cota=4&kuai_so=1&tj_url=so_rec&sign=360_57c3bbd1&refer_scene=so_1.

# 第十二章

# 告诉下属：你在为自己工作

美西战争（1898年4月—12月，美国与西班牙之间发生的一场关于争夺殖民地的战争）爆发时，美国总统必须马上与古巴的起义军将领加西亚取得联系。加西亚在古巴丛林的山里——没有人知道确切的地点，所以无法带信给他。

美国总统必须尽快地获得他的合作。怎么办？有人就对总统说："有一个名叫罗文的人，有办法找到加西亚，也只有他才找得到。"于是他们把罗文找来，交给他一封写给加西亚的信。那个名叫罗文的人，是如何拿了信，又如何把它装进一个油纸袋里，怎样封好，怎样吊在胸口，在几个星期之后，如何徒步走过一个危机四伏的国家，把那封信交给加西亚的——这些细节，我们都不知道，书中并没有详述。

令我们感动的是，令我们深思的是，令我们惭愧的是，令我们敬仰的是——美国总统把一封写给加西亚的信交给罗文，而罗文接过信之后，并没有问："他在什么地方？"有人曾经这样说过："像他这种人，我们应该为他塑造不朽的雕像，放在每一所大学里。年轻人所需要的不只是学习书本上的知识，也不只是聆听他人种种的指导，而是更需要一种敬业精神。这种敬业精神就是对上级的托付，立即采取行动，全心全意去完成任务——'把信送给加西亚'。"

以上文字出自阿尔伯特·哈伯德所写的《把信送给加西亚》一书。这本书首次发表于 1899 年，随后就风靡了整个世界。

这本书之所以能畅销不衰，正是它倡导了一种理念：对工作要积极主动、自动自发。作为下属也需要加强这种精神，对主管的命令，立即采取行动，全心全意去完成任务。

作为团队管理者，你能发现团队里的"罗文"式员工吗？

## 一、主动和被动的差异

成功者和平庸者，是两种截然不同的人。成功者凡事都主动，我们不妨称他为"积极主动的人"；那些庸庸碌碌的人凡事都被动，我们不妨称他为"消极被动的人"。仔细研究这两种人的行为，可以找到一个成功原理：积极主动的人都是不断做事的人，他凡事都会马上去做，直到完成为止。消极被动的人，都是懒惰散漫的人，他们会找借口偷懒，直到最后他证明这件事不应该做、没有能力去做，或已经来不及了为止。

积极主动的人和消极被动的人之间的差异，从很小的地方就能看得出来。前者计划好一个假期，就真的会去度假；后者也计划好一个假期，却拖延到明年再打算。前者认为应该定期听成功讲座，结果他真的做到了；后者也认为应该定期听成功讲座，但他会找出各种理由来拖延。前者认为应该发一封 E-mail 给一个人，祝贺他取得的成绩，他真的敲起了电脑键盘；后者却找了一个理由来延后，结果一直不去行动。

积极主动的人和消极被动的人之间的差异，也会在大事上表现出来，前者想要自己创业，结果他说做就做；后者也想创业，但他总在最后关头发现"为什么不该去做"的理由。前者已经 40 岁了，他很想换一个新工作，结果他真的去做；后者也一样，但他一直犹豫不决，结果什么事也没有做成。

积极主动的人和消极被动的人之间的差异，也会在各种行为上表现出来。前者想做就做，因而获得安全感以及更多的收入；后者不会想做就做，因为他不想行动，结果丧失了主心骨，因而永远度日如年。

积极主动的人会成就许多事情，消极被动的人很想做事但不会真的去做。要想做一个企业需要的员工，就不能只是被动地等待别人告诉你应该做什么，而要主动了解自己想做什么并且制定规划，然后全力以赴地去完成。对待自己的工作，要以一个母亲对孩子般的责任心全力投入、不断努力。只要有了积极主动的态度，没有什么目标是不能达到的。

许多人并不是没有以积极主动的态度来做出自己的决定，而是不习惯在重大问题上自己做决定。如果问一位在校的大学生："你最常做的决定是什么？"他的回答很有可能是决定买什么样的电脑、看什么电影、读什么书等。这些事情固然需要做出决定，但更需要你自己做决定的是许多更重要的事情。例如，读什么专业、进什么学校，考研还是出国等。对这些事情，有很多人可能习惯于听从父母的安排或参考大多数同学的选择——殊不知，在这些最重要的问题上，只有你自己的决定才能帮助你迈向真正的成功。自己只作无关紧要的决定，而任由他人作出对自己的一生有重大影响的决定，这明显是不合逻辑的。此外，有些人就算自己作出了决定，也不见得在事先已经花了足够的时间做调查研究。而一个鲁莽或草率的决定可能会让你后悔一辈子！

当 Google 的创始人赛吉·布林和拉里·佩吉在电视上接受访问时，记者问他们认为自己的成功应该归功于哪一所学校。他们并没有回答说是斯坦福大学或密西根大学，而回答的是蒙台梭利小学。在蒙台梭利小学那种鼓励学生自由自在地学习、对事情不能消极对待的教育环境下，他们学会了"自己的事，自己负责，自己解决"。正是这种积极的教育方式赋予了他们勇于尝试、积极主动的习惯并因此给他们带来了成功。

每一个人都要拥有一颗积极、主动的心，要善于规划和管理自己，为自己的人生做出最为重要的抉择。没有人比你更在乎你自己，没有什么东西像积极主动的态度一样更能体现你自己的独立人格。

## 二、有些事主管不必交代

美国励志专家奥里森·马登说："你在工作上的能力和表现是一项商品，必须以获利最大的条件来交换。"请注意，马登在这里说的是"最大的条件"，而没有说"最高的价格"。可见最好的工作不一定能得到最高的工资，而是有更多的升迁机会，更多的进修机会，能得到更多的经验，之后晋升更高的职位。

找工作要把眼光放远一点，作为员工要找的是发展机会，而不只是现在的工资，许多人由于只是为了挣得那一份工资，因而在工作中很少投入自己的热情和智慧，只是被动地应付，他们遵守纪律、循规蹈矩，却缺少责任感，只是机械地完成任务，而没有创造性地、主动地做事。

有一位团队主管说：像无数的年轻人一样，我在青少年时期和大学时代做过许多的工作。修理过自行车、卖过词典、做过家教、书店收银员、出纳。大学期间，为了换取学费，我还给别人打扫过院子，整理过房间和船舱。

由于这些工作都非常简单，我曾认为它们都是单调而廉价的。我后来发现自己的想法完全错了，事实上这些工作默默地给了我许多珍贵的教诲，不管从事什么样的工作，都能从中学到不少经验。

比如在商店工作时，我觉得自己做得很好，完成了老板给我布置的任务——把顾客的购物款记录下来。一天，当我与别的同事在闲聊时，老板走了过来，扫了一下周围，然后示意我跟他走。他接下来一语不发地开始整理那批已经订出去的货，然后又把柜台和购物车清空了。

这一切让我感到惊奇，整个人都呆住了。他要我和他一起去做这些，我并不因为这是一项新工作任务而感到惊诧，而是表示我将一直这么做下去，可是以前谁也没这么要求我——现在也一样。

这件事彻底改变了我的观念。它让我变得更优秀，而且让我明白了不仅要做好自己的本职工作，我应该再多做一点，哪怕没要求我这么做。当我这么认为时，原来我觉得枯燥的工作开始变得有趣起来。我开始更努力和更主动地工作，这使我学到了更多的东西。我上大学后离开了那家商店，但从那儿学到的经验对我一生都有着深深的影响。

不必上司交代，如果一名员工能主动地去完成自己应该做的事，一定会让他获得不错的声誉。主动本身就是一种特殊的行动，一种美德。对于主动做事的员工来说，有些事是不必主管交代的。

迈克道尔在一家肥料工厂工作，后来被提升上来完全是因为他做事的态度。

他最初是在一个懒惰的秘书手下干活，那秘书总是把事推给手下的职员来做。他觉得迈克道尔是一个可以任意支使的人，于是叫他编一本老板去欧洲时用的密码电报书。

那个秘书的懒惰使迈克道尔有了展示自己的机会。他不像一般人那样随意简单地编写几张纸，而是编成一本小小的书，然后用打字机很清楚地打出来，最后用胶装订好。

当那个秘书将这本电报书转交给老板时，老板一看就知道不是秘书做的，便要求见做这个制作电报书的人，并问："你怎么把我的电报本做成这样子呢？"

迈克道尔回答："我想这样您用起来会觉得方便些。"

过了几天，迈克道尔便坐在前面办公室的一张写字台前；再过些时候，他便代替了以前那个上司的位置了。

无疑地，迈克道尔是一个积极主动的人，老板没有交代他怎么做，而他仍然做好不是自己分内的事，因而他获得了提升。我们可以设想一下，一个消极被动的人，他们可能听到上司的要求后提出一个又一个问题，"我从哪儿找到密码电报""哪些图书馆会有这样的密码电报资料""这是我的工作吗""为什么不让小王去做""急不急""明天交给您行吗"。在追问了几个问题后，若上司要求现在就要这些资料时，他会随便简单地编写几张纸，完成任务就算了事。

此时此地，如果我们就是老板，必定会对这个家伙随便交来的资料不放心，必会经过自己的核对和确认后，才放进自己的公文包。

有的员工对主管交代的事，可以做好，也可以做坏；可以做成59分，也可以做成95分。但只有积极主动的员工，才会把工作一次做到位。积极主动的人实际完成的工作，往往比他原来承诺的要多，质量要高。因此，这样的人永远不缺少加薪和升职的机会。

## 三、从"要他做"到"他要做"

某些时候，全心全意、尽职尽责是不够的，还应该比自己分内的工作多做一点，比别人期待的更多一点，如此才可以吸引更多的注意，给自我的提升创造更多的机会。

当然，每个员工都没有义务去做自己职责范围以外的事，但是他也可以选择自愿去做，以驱策自己快速前进。率先主动是一种极珍贵、备受看重的素养，它能使人变得更加敏捷，更加积极。积极的工作态度能使你从竞争中脱颖而出。

世界著名的成功学专家拿破仑·希尔曾经聘用了一位年轻的小姐当助手，替他拆阅、分类及回复他的大部分私人信件。当时，她的工作是听拿破仑·希尔口述，记录信的内容。她的薪水和其他从事相类似工作的人大致相同。

有一天，拿破仑·希尔口述了下面这句格言，并要求她用打字机打印出来："记住：你唯一的限制就是你自己脑海中所设立的那个限制。"

她把打好的纸张交还给拿破仑·希尔时说："你的格言使我获得了一个想法，对你我都很有价值。"

这件事并未在拿破仑·希尔脑中留下特别深刻的印象，但从那天起，拿破仑·希尔可以看得出来，这件事在她脑中留下了极为深刻的印象。她开始每天用完晚餐后回到办公室，然后把写好的回信送到拿破仑·希尔的办公室，做的都不是她分内的、也没有报酬的工作。她已经研究过拿破仑·希尔的写信风格，因此，这些信回复得跟拿破仑·希尔自己所写的完全一样好，有时甚至更好。她一直保持着这个习惯，直到拿破仑·希尔的私人秘书辞职为止。当拿破仑·希尔需要招聘秘书时，很自然地想到这位小姐。

但在拿破仑·希尔还未正式给她这项职位之前，她已经主动地接受了这项工作。由于她在下班之后，以及没有支领加班费的情况下，对自己加以训练，终于使自己有资格出任拿破仑·希尔的秘书。

不仅如此，这位年轻小姐高效的办事效率引起了其他人的注意，有很多人为她提供更好的职位请她担任。她的薪水也多次得到提高，最后已是她当初时作为普通速记员薪水的4倍。

作为员工，不应该抱有"我必须为公司做什么"的想法，而应该多想想"我能为公司做些什么"。一般人认为，忠实可靠、尽职尽责完成分配的任务就可以了，但这还远远不够，尤其是对于那些刚刚踏入社会的年轻人来说更是如此。要想取得成功，必须做得更多更好。

个人的主动进取精神很重要，许多公司都努力把自己的员工培养成主动工作的人。所谓主动，就是没有人要求、强迫，每个人却能自觉而且出色地做好需要做的事情。一个做事主动的人，知道自己工作的意义和责任，并随时准备把握机会，展示超乎他人要求的工作表现。

有的下属"我要做"某件事情，初衷也许并非为了获得报酬，但他往往获得的更多。

## 四、让员工"51%给自己干"

内蒙古蒙牛乳业集团创始人牛根生在一篇名为《最佳雇主：让员工"51%给自己干"》的文章中写道：

怎样才能使员工更快乐？员工给自己干活最快乐。

生产队的社员、国营工厂里的工人，往往越干越不快乐。我们要把给自己干，与给社会干结合起来。51%给自己干，其余的给别人干、单位干、国家干、人民干。也就是说，要让给自己干的人控股。

当然，世界上不可能有100%的为自己干。

我们有句话："要想知道，打个颠倒。"我小时候经常给人家砌墙，打点零活，但不好意思和主人一起吃饭。主人说："你就在这里吃吧。"于是，受到尊重的那种感觉，仿佛一股暖流通遍全身。之后到了单位，就特别希望能受到领导的尊重、关心和重视。现在反过来想想，我们的员工何尝不是这样？所以，我的许多理念，都是自己的体会。

但有些走上管理岗位的干部，可能没有过这样的体会，或者缺乏"打个颠倒"的体会，所作所为，经常使员工不痛快。

给别人干，稍有不顺，往往牢骚满腹；给自己干，即使赔了，也是有悔无怨。

一些人在大集体中干活的时候，琢磨的是怎么样多拿一点，少累一点。当他们为自己干的时候，就变成了另一种样子。

有的人开了一家小店，风里来雨里去，吃饭都没正点，可是一年到头，算来算去，最后又把店关了，说"没赚钱"；有的好点，没赚钱赚了货……虽然如此，还是很快乐；即使不快乐，也是亲近者才知道，对外人绝不说不快乐。与在大集体劳动的时候相比，干活的时间长了，投入也大了，但他还是觉得自己干得有价值。由此，我终于体会到了毛泽东思想与邓小平理论在对待个人问题上的差异。最大差异就是：是否让"为自己干"控股。以前我们既要担心能力问题，也要担心态度问题；实施邓小平理论后，再也不用担心"态度问题"了。

有一年我们雇工程队处理草坪。工程很急，起初几天按天数算工钱，每天最多处理6 000平方米。后来加了点儿"邓小平理论"，按平方米算工钱。结果，第二天就突破10 000平方米！人还是那些人，机器还是那些机器，草还是那些草，蒙牛还是那个蒙牛，但就因为制度不一样、态度不一样，速度也就不一样了。

世界上，"虎毒不食子"都不起作用；为了垂帘听政，可以杀儿；为了夺位，可以弑父。从历史规律看，在权力和利益面前，有时连父子关系，兄弟关系都靠不住。所以，我最放心的就是让员工为自己干。

有一个形象的例子可以说明让员工为自己干的重要意义。

一个做鞋的人，为别人负责是做不好的，为自己负责就能做好。当他为别人负责的时候，他的服务对象是泛指的，不特定的，模糊的。由于他的服务对象的模糊性，他在工作中的动机就不是强烈的，感情就不是具体的，思维就不是深刻的，责任意识就是松懈的。当他为自己负责的时候，他的服务对象就是活生生的自己：做不好就没人买，砸了牌子就卖不上好价钱，丢了工作就无法养活一家老小——这时候，他的动机足够强烈，他的智慧强力发挥，他的责任意识是紧绷的。所以，首先为自己负责，然后才能为别人负责。

## 五、给社会新鲜人的忠告

社会是很现实的，竞争是很残酷的，每一个刚走上工作岗位的年轻人，都要学会做人做事。

有一位公司总裁说："这个世界有两个部分——有意义和无意义，你的工作就是找到有意义的答案。"投入到就业的行列，每个人多少都有预设的目标。

刚开始到一个团队公司工作，员工最想知道的一定是薪水、福利、组织结构、营业性质、运作方针、同事是否好相处、上司是否和蔼等问题。有些事情不是短时间就可以得知的，如上司的性格、工作的障碍等，有些事却是刚踏入公司大门就必须探听清楚，例如薪水、福利、公司的营业内容。

我们常听到某人误信报上不实广告：月入数万、储备干部免经验……而前往应聘，到公司才知道原来从事的是保险、直销、期货、推销等工作，与原先所希望的工作距离相差十万八千里。所以，一旦决定到公司上班，就得事先了解公司是否合法及相关的经营政策。否则，等到工作一段时间才发现自己上当而大呼荒废时光已经太晚了。

《我们都是自己的老板》这本书的作者强调，如果我们希望从工作中得到满足，必须妥善规划自己的职业生涯：找出下一步怎么走，学习必要的技能和积极追求自己的目标。老板是不会为下属做这些事情的。正如有句俗话所说："对方是老板，不是你老妈。"

以下这些建议或许能给社会新鲜人一些帮助：

### 1. 要有面对不愉快的心理和准备

正如《心灵地图》中所指出的："生活不容易"，工作也一样——即使是你所喜欢的工作，也是如此。幸运的上班族，会对那些各种的不愉快淡然处之，时时想起甜美的一面（就和人们对婚姻的建议一样）。

### 2. 不断学习

想要有"健康"的事业，就得让自己不断汲取新知。我的方法是：每个月读一本加强技能或观点的书，多和真正乐在工作的成功人士相处。

### 3. 爱你所爱

有些人的确很幸运，可以将自己喜欢做的事情当作事业；但是对我们大部分的人来说，问题就比较多。我们必须想办法喜欢我们正在做的事。其实，这也不难：只要把公司交付的工作，当作自己的任务，不要老想着应付工作要求，设法在工作中满足自己的需要。当自己觉得自己已经有所成长，也学到东西之后，继续追求下一次的成长和学习机会。

有一位银行家说，在决定投资一项事业前，最重要的是热情。对团队每一个成员而言，也应该如此。激发大家对每一项工作的热情，别受不愉快的心情所影响，并且通过不断地学习来维持这股热情。这样，就是为职业生涯带来宝贵的投资。

 **参考书目**

1. 陈凯元. 你在为谁工作 [M]. 北京：机械工业出版社，2007.
2. 李安. 忠诚第一能力第二 [M]. 北京：海潮出版社，2008.

3. 王群飞 . 如果你是老板，会不会聘用现在的自己［M］. 辽宁：辽宁人民出版社，2016.

4. 施德伟 . 没有任何借口［M］. 北京：新世界出版社，2009.

5. 李金水 . 为企业着想就是为自己着想［M］. 北京：海潮出版社，2009.

# 第十三章

# 综合激励方案

激励是心理学中的一个术语，是指心理上的驱动力，含有激发动机、鼓励行为、形成动力的意思，也就是通过某些内部或外部刺激，使人奋发起来，行动起来，去实现特定的目标。简而言之，激励就是激发员工的自驱力，调动员工的积极性，使员工朝向团队的目标做出持久的努力。

由激励激发人的自驱力和积极性是一种内部心理过程，这种心理过程不能直接被观察到，只能从行为和工作绩效上进行衡量和判断。

员工受到高度激励时，其行为通常表现出三个特点：一是努力。这是员工在工作中表现出的行为强度。二是持久。这是员工在完成工作任务方面表现出的长期性。五分钟热度不能叫积极性高。三是与组织目标有关。这是员工行为的质量。

## 一、人为什么能够被激励

人为什么能够被激励呢？人的行为又是如何被激励出来的呢？答案就在于人的行为的基本模式。人的行为模式如下所示：

未满足的需要→紧张→动机→采取行动→指向目标→满足需要

心理学的研究表明，需要是人类所有行为的起点。所谓需要，是人体内部的一种匮乏状态，所匮乏的可以是人体内部维持生理活动的物质要素，也可以是社会环境中的心理要素。它会使人感到生理失衡或心理紧张，进而在躯体内部产生驱动力。这种内驱力就是行为的动机，它会产生寻找能够满足需要的特定目标的行为。例如，食物的缺乏会使人体内血糖浓度降低、血液成分失衡，从而通过神经系统刺激大脑皮层产生饥饿的感觉和进食的需要；友谊的缺乏会使人感到寂寞、孤独、不安，从而渴望寻找友情。如果目标达到，就意味着需要的满足，并进而降低紧张程度。这时又会产生新的需要和动机。人的行为就是这样一个不断循环往复的过程。

所谓目标，就是期望达到的成就和结果。在组织环境中，目标表现为一种刺激或"诱因"，它可以是物质性的，如产量、质量、利润指标，或者工资、奖金、奖品及各种物质报酬，也可以是精神性的，如职务、成就、认可、赏识等。这些外在的诱因也是产生动机的重要因素，它和内在的需要相辅相成，共同贯穿于行为的全过程。如果我们要成功地激励员工，那么仅仅了解员工的需要还是不够的，还必须经常提供适当的目标以激发动机，指导行为，使他的需要和团队的目标挂起钩来，形成目标连锁，把员工的积极性纳入组织的轨道。

可见，动机不是无条件产生的。它既取决于内部的需要，也取决于外界的刺激。如果外界的刺激符合人的需要，就会成为人行为动机的诱因。而对人的激励之所以可能发生，就在于激励的本质就是根据员工的需要提供适当的刺激和目标，诱发员工的动机，调动他们的积极性。

一般说来，被激励的员工处于一种紧张状态，为缓解紧张，他们会努力工作。紧张强度越大，努力程度越高。如果这种努力成功地满足了需要，紧张感就会减轻。由于激励的目的是提高组织的绩效，所以这种减轻紧张程度的努力必须是指向组织目标的。组织目标必须包含员工的个人目标，这样员工在为组织目标努力的过程中个人的目标也能得以实现，他们才会有真正的积极性。所以，了解员工的需要，并设法满足员工的需要，在激励过程中至关重要。

## 二、四种人性的假设

团队主管要想激励下属，必须了解人性假设的知识。在西方管理学史上，有四种关于人性的假设：

### 1. 经济人假设

经济人假设认为，人是经济的产物，人的一切活动都是为了获得经济报酬和物质生活的满足。经济人假设的思想对应麦格雷戈的"X理论"，即：首先，一般人对工作具有天生的厌恶，只要有可能，便会逃避工作；其次，由于人类具有不喜欢工作的恶性，故必须予以多数人强制、控制督导，给予惩罚的威胁，才能迫使他们朝向组织目标而努力；最后，一般人愿意受人指责，不愿承担责任，志向不大，但求生活的安定。

### 2. 社会人假设

这种假设认为，人是社会的产物，人在社会主流中追求人际关系的和谐，注重心理和情感的满足，并为此而付出个人的努力。

### 3. 自我实现人假设

这种假设认为，人们力求最大限度地将自己的潜能充分发挥出来，只有在工作中将自己的才能表现出来，人才会感到最大的满足。自我实现人假设的思想对应麦格雷戈的"Y理论"，即：首先，人在工作中消耗体力和智力，是极其自然的事，如同休息和游戏一般；其次，控制和惩罚并非唯一方法，一般人能自我督导和自我控制；再次，只要情况合适，一般人不仅学会承担责任，还会寻求责任；最后，在现代社会经济技术条件下，一般人的潜能只发挥出一部分。

### 4. 复杂人假设

这种假设认为，人是很复杂的，人的需要与潜在欲望是多种多样的，而这些需要的内容和结构也不断地随人的年龄和发展阶段的变化而变化，并因人的境遇差异而不同。

## 三、马斯洛需要层次理论

心理学家马斯洛指出，人类的基本需要可以分为生理的需要、安全的需要、归属和爱的需要、自尊和受人尊重的需要、自我实现的需要。这五种基本需要是每一个人都具有的，不同的是，不同的人需要满足的需要层次的顺序可能有所不同；基本需要的表现形式在不同的文化环境下，也有可能不同，甚至有可能完全相反。此外，需要注意的是，一个人并不是等到自己的一种需要完全满足以后才想起其他需要，他的不同基本需要往往只是得到部分的满足，然后就开始转移到其他需要。

### 1. 生理的需要

食物、饮水、睡眠和氧气中的任一种的极度缺乏都会改变一个人。如果一个人极度干渴，那么，除了水之外，他对其他任何东西都会毫无兴趣，他的一切感官将会只为水而生存；他梦见的是水，看到的是水，感觉到的是水，只对水发生感情，只为水而活。如果这种情况长期存在，比方说 8 天、10 天，那么，这会从肉体上到精神上整个地改变一个人的行为。

### 2. 安全的需要

一个人如果生理需要得到了相对充分的满足，那么，他就会产生新的需要——安全需要，这具体包括安全、稳定、依赖、免受恐吓、焦躁与混乱的折磨，对体制、法律、秩序、界限的依赖等。

我们不妨试着观察儿童，这可以加深对安全需要的理解，因为，相对成人而言，儿童身上人为的抑制情感的现象较少，而成年人为了达到一定目的，会装模作样地对缺少安全感表现得镇定自若，不动声色。一个普通的孩子面临一个崭新的、陌生的、奇特的、难以对付的刺激或情况，常常会引起恐惧的反应。例如，从父母身边走失，短时间内与父母的分离，陌生的面孔，奇特而不熟悉的物体等，此时，孩子会发疯地依赖于他们的父母以求得安全与保护。孩子需要一种安稳的程序和节奏，一个可以预见的有秩序的世界。对于一个孩子来说，他的生存环境便是父亲的呵护、母亲的怀抱。一个在父母整天吵架谩骂的环境中长大的孩子，安全需要是得不到满足的。

### 3. 归属与爱的需要

随着孩子的成长，生理需要和安全需要得到满足以后，归属和爱的需求便凸现了出来。在这个时候，他会强烈地感到缺乏朋友，缺少一个爱人。他会渴望与人们有一种感情深厚的关系，渴望在团体和家庭中有自己的位置，渴望拥有归属和爱与被爱的感觉，以至于忘掉了他饥饿的时候，是怎样把爱情看成一座不现实的海市蜃楼。此时，归属与爱的需要控制了他，他感到了孤独，感到了遭受抛弃，抬头四顾，他举目无亲，他感到深深的痛苦。

### 4. 自尊和受人尊重的需要

除了少许病态的人，社会上绝大多数人都渴望受到尊重，包括外界对自我的尊重和自己对自我的尊重，相对来说，自己对自我的尊重要更重要一些。自己对自己的尊重即是自尊，自尊需要的满足是指由于实力、成就、适当、优势、用途等等自身内在因素而形成的个人面对世界时的自信、独立。外界对自己的尊重需要的满足，则是地位、声望、荣誉、威信等等外界较高评价的获得。自尊需要的满足可以获得一种自信的情感，使我们觉得自己在世上有价值，自己是必不可少的，自己在世上也是能够发挥自己的一技之长，能为别人所需要。而一旦此类需要受挫，我们就会产生自卑、无能的感觉，自己一无是处，除非经过相当的努力，否则我们会因为自我形象的渺小而愈发地做事失败，然后会导致更加自卑，没有自信的人是很难成事的。

### 5. 自我实现的需要

自我实现，也就是一个人使自己的潜力发挥的倾向，成为自己所能够成为的那种最独特的个体，使自己成为自己想成为的那种人。一个人在其他基本需要都得到满足以后，自我实现的需要便开始突出。这时候他会很乐意去工作，对他而言，这时候的工作不是生活所迫，不是为了金钱，也不是为了获取荣誉，而是一种兴趣。这时候他确确实实是以工作为乐，而不是以工作为负担。

现在的员工越来越重视职业发展，他们关注的不仅是眼前的待遇，更关注个人的成长空间，包括在团队内部的职业发展和社会化的生存能力。通过职业生涯规划，建立多重赛道，为员工提供多种可供选择的发展机会，将员工自己的未来和团队的未来相结合，才有可能达成"双赢"的局面。

## 四、五种方法有效激励

团队主管能够有效地激励他人，便是很大的成绩。要使一个团队有活力有生气，激励就是一切。我们也许可以干两个人的活，可成为不了两个人，必须全力以赴，去激励另一个人，也让他激励身边的人。我们一个人可以取得一些局部的小胜利，但要获得更高绩效，要取得最后的全局胜利，这绝对不是一个人单枪匹马所能完成的。所以，我们应该懂得怎样用有效的态度和悦人心意的办法去激励下属，这是十分重要的。

下面这些方法能够使我们达到激励下属的目的。

### 1. 充分肯定下属的出色工作

如果下属们完成的工作质量非常出色，而身为主管的你却从来不去注意，他们很快就会觉得实在没有必要如此卖力地工作，毕竟这项工作完成得一般还是出色与他们的关系并不是十分密切。于是，下属们的工作质量就会慢慢地下降。更重要的是，你的下属们会认为是你将他们的工作成果全部据为己有，你成了一个"摘桃子"者。这时，你的下属心里会想，你始终不提我们工作的出色，还怎么可能会向上司反映我们的成绩呢？

总之，你作为一个团队的领导，就有必要也有义务让下属知道你是一名有劳必酬的领导。这是最好的激励方法。

### 2. 让下属承担富有挑战性的工作

我们每个人都喜欢表现自我、超越自我，都希望在原来的基础上取得新的成就，更上一层楼。那么，你的下属也一样。对于你的下属来说，从你那里接受挑战性的工作可以使他们非常清楚地意识到自己肩上担子的分量。正是接受挑战性工作的这种紧迫感和责任感而不是工作本身，使得你的下属今后得以成功。工作中的挑战性是非常重要的，它能够激发一个人的工作热情，激励你的下属在今后的工作中更加勤奋努力，从而对自己树立起坚定的自信心，获得事业的成功。这一点无论是对你的新下属，还是新员工，都是如此。

### 3. 恢复下属的自信心

美国哈佛大学的劳伦斯教授一直将自己的研究工作专注于影响工作业绩的关键条件上。他指出：导致一个人工作业绩好坏的因素很大程度上来自工作的满意程度——自信。

那么，下属怎样才能在工作中树立起自信心呢？世界著名的心理学家艾里克森的解释是，一个人的自信心，最终的形成与确定需要两个条件：一是要有一个紧迫的环境；二是要有一个"化险为夷"、渡过"危机"的结果。换句话说，一个人的自信心的获得是在一次又一次渡过危机的过程中实现的。他同时指出，一个人自信心的提高，会使我们对自我的把握能力加大，这种自我把握能力是一个人对自己准确评估与预见的能力，它会在人的内心产生一种能动的力量，促使个人向完善发展，并且因此而把握一个企业正确的途径。

### 4. 在工作中多褒少贬

一个出色的、精明的主管，不会在一些小事上对自己的下属"横挑鼻子竖挑眼"，而是采取一种宽容豁达的态度，让下属在犯了错误做了错事之后尽快地了解自己的错误而不是打击他们的自信心，给予他们时间去争取下一步的胜利。

### 5. 不要无谓地非难下属

在团队管理工作中，对于下属的失败，假如熟视无睹，不加以斥责的话，就有可能使下属缺少警惕性，很可能还会犯错。为了使下属不被同一块石头绊倒两次甚至多次，一定要深究造成失败的原因，促使他自己进行深刻的反省。

但是，斥责不意味着可以去非难他，斥责和非难这两者之间的区别是显而易见的。从对象的角度和心理去考察，非难带有明显的攻击意味，而攻击下属的失败，在结果上只能使他们产生一种逆反心理，使得批评的效果大打折扣。相反，我们若是通情达理、体贴下属的话，尽管斥责他，但下属并不会因此而怀恨在心的。因为正确地运用批评的武器也是一种激励手段。

## 五、给员工情感上的满足

不管一个员工在公司里的职位或高或低，要想长久地留住人才，就必须能够使他从心理上、从感情上对目前和未来的工作环境，包括与同事、上司的人际关系具有好感。要达到这一点，有赖于对员工有效的情感激励。

### 1. 内部升迁式激励

建立内部升迁的有效激励机制，公司的绝大多数员工都希望能够通过努力工作来获得领导层的肯定，并以此获得更多的工作权利和责任，从而获得更好的个人发展空间。当这种愿望不可能得到实现时，员工就会寻找新的公司和机会来满足个人发展的需要。公司的领导层应当重视这个不稳定因素，在肯定员工工作的同时，寻找可以满足员工内心需求的新的工作机会，并将这样的机会尽可能多地提供给合适的员工。

### 2."感谢太太"式激励

如果工作的各方面让人满意，每一位员工都想长期地拥有这份工作。日本在第二次世界大战以后经济能迅速起飞，源于员工的高效率，而其中的一条重要原因便是日本的各大企业实行终身雇佣制，一旦员工进入企业，便终身为该企业服务，颇有"从一而终"之意。员工的未来生活得到了最大限度的保障，员工不必再去操心各种未来的事情，有了极强的心理安全感，减少了诸多不必要的麻烦，心态稳定，无法也无须跳槽，只有踏踏实实地干好本职工作，才有出头之日。不谈终身雇佣制的功过是非，它给予员工以稳定感、安全感，令其安心工作这一条是值得学习的。

值得一提的是公司对员工配偶的关心。日本麦当劳汉堡店的总裁藤田认为：抓住员工妻子的心，记住员工太太和孩子的生日，并赠予一点礼物，绝对有益于公司的向心力。

总结他们的做法，藤田说："日本麦当劳店每一个员工的太太过生日时，一定会收到我叫花店送来的鲜花。事实上，这束鲜花的价钱并不昂贵。可是，太太们的心里却很高兴。'连我先生也忘了我的生日，想不到董事长却记得送花来，实在太感激了。'类似这样的感谢函，我经常都会收到。"

日本麦当劳除了6月底和年底发奖金之外，每年4月再加发一次奖金。这奖金又称"结算奖金"，并不交给员工，而是发给员工的太太。同时附上一封短信："公司能有这么好的业绩，都是各位太太的协助。虽然直接参与工作的是先生们，可是，如果没有你们这些贤内助，先生们的工作成绩将大打折扣，所以，这笔奖金是你们该得的。"

通常，企业机构慰劳员工时，会忽略了劳苦功高的太太们，而招待男性员工上酒家或餐厅喝酒、胡闹一番，意义并不是很大。反之，日本麦当劳却打破惯例，邀请员工们的太太一起出席联欢会，以此来提高从业人员的向心力，这也是经营诀窍之一。

### 3. 挑战式激励

员工每天八小时都在工作，工作是他们生活的主旋律，所以，从工作类型本身打主意往往卓有成效。

工作丰富化、挑战性的工作便是现代人本主义管理常用的方法，为许多管理大师所采用。

这两者有许多相通之处，工作丰富化对一位本来从事单一工种的工人来说就是一项挑战。某公司的每位工人原本只负责流水线上的一项工作，他们由于看不到自己工作的成果而显得无精打采。后来老板采取6~8人一个小团队的方法，让每一位工人有机会从头至尾完成一件成品，体会从开始的毛坯到最后成品的成就感，工作效率因而提高了2~3倍。

工人们调换工种，有助于掌握多项技能，也有助于他们寻找最适合于自己的岗位。对于专业人员、高级管理人员而言，他们更希望工作能够提供使用自己技术和能力的机会。

树立各种各样的目标可以使工作更富有挑战性。挑战性过低令人厌烦，挑战性太强会使人产生挫折和失败感，中等程度的挑战性应该比较合适。工作如果具有挑战性，会激发起员工对工作的兴趣。他会以解决工作中的难题为乐而不是以此为苦，一正一反就是天壤之别。人一旦乐在其中，什么事都能做好。

### 4. 工作轮换式激励

工作轮换是指员工觉得一项工作已不再具有挑战性时，把员工调换到水平层次相近的另一岗位上去。工作轮换可以使员工免受工作枯燥之苦，增强员工工作的积极性。对员工而言，他可以学到更多的技能，更深刻地理解各项工作之间的关系，对组织的整体活动安排也会有更深刻的了解与认识。对公司而言，可以挖掘员工的潜力，并在适应变革、填补职位空缺时，具有更大的灵活性。

### 5. 工作丰富化式激励

工作丰富化主要是指对于工作内容的纵向扩展。让员工能从事一件独立而有完整性的任务，增强员工的责任，把各项任务组织起来形成一个新的更完整的任务。让员工独自负责，可以加强员工的自主意识，觉得自己很重要，工作也是举足轻重，让员工负有更多的责任，可以让员工更好地理解管理人员、具有更多地了解自己工作绩效的机会，这样，他会自我评价，自我激励，自我改进，而无须领导加以提醒。

## 六、最佳激励组合

随着时间的推移，环境的变化，此时此地的主导需要和彼时彼地并不见得相同，同一种激励手段所取得的效果也不会相同。不同类型的员工必须相应地采取不同的激励方法。

### 1. 按照工作业绩进行分类激励

根据工作业绩，可以把员工分为出类拔萃者、业绩平平者和中间阶层。

出类拔萃者，说明此人能力极强，而且他当前从事的领域比较拿手，他已经找到了一个适合自己的位置。在现代的公司企业，评先进已经很少听说，先进更多的是在国企机关里才有的一个称呼。所以，对于出类拔萃者，奖金、加薪、晋升等都是常见的选择，笔记本电脑、车、房的配备，更多的培训机会，更多的休假，多种手段都可以运用，而且这对业绩平平者和中间阶层也是一个不小的鞭策。

业绩平平者和中间阶层，只要员工素质不是特别低下，可能有两种情况：一是时间尚短，他们尚未掌握该工作的基本技能；二是他们压根儿不适合此项工作。比方说，让一个天性沉静、好钻研的人去搞公司的公关宣传，或是让一个纯文科出身的人去负责产品研发。

对于第一种情况，必须加强培训，给员工更多自我锻炼实践的机会。而对于第二种情况，就需要征求员工的意见，与员工进行协商，员工在从事该工作的时候是否会获得成就感？是否感到了挑战性？是否激发了他自身的兴趣等等。要尊重员工自身的意见，结合实际情况，尽可能地给他以施展才华的机会。倘若员工与工作的种类确实不匹配，应及早加以更换。

**2. 按照个性类型选择合适的激励方法**

管理者可以根据员工不同的个性类型来设计激励措施。

竞争型员工的激励。竞争型的员工在竞赛中表现特别活跃。要激励竞争性强的人，最简单的办法就是很清楚地把获胜的含义告诉他。他需要各种形式的定额，需要有办法记录成绩，而竞赛则是最有效的方式。有一点管理者必须明白，优秀的员工其本身已经具备强大的内在驱动力，这种驱动力可以引导，可以塑造，但却是教不出来的，因而给予他们最佳的激励方式便是巧妙地挑起竞争者之间的竞赛。

成就型员工的激励。成就型的员工是理想的员工，他们自己给自己定目标，而且比别人规定的高。只要整个团队能取得成绩，他们不在乎功劳归谁，是优秀的团队成员。

激励成就型员工的方式有好几种，一是要确保他们不断地受到挑战；二是不去管他们，因为成就型的员工他们会自己激励自己，经理只要把大目标给他们锁定，可以随他们怎么干；三是培养他们进入管理层，因为成就型的员工会像经理那样进行战略思考，制定目标并担负责任。

自我欣赏型员工的激励。自我欣赏型的员工突出的特点是他们感到自己很重要，因此，激励这种类型的员工的最佳方式便是让他们如愿以偿，让他们带几个实习生，因为这样能激励他们不断进取，如果新手达到了工作目标，就证明他指导有方。如果他没有业绩做后盾，是不能令新手信服的。

服务型员工的激励。服务型的员工通常花很多时间款待客户，跟客户联络，但是他们的个性决定他们的业绩不会很大，因而他们往往不受重视，激励这些默默无闻的员工的一个方式是公开宣传他们的事迹，在大会上表扬他们。

给员工分类很重要，因为不同的激励方式能够激励不同类型的员工。无论什么类型的优秀的员工，他们都有一个共性：不懈地追求。只要激励方式得当，就都能收到预期的效果。

 **参考书目**

1. 任康磊 . 有效激励员工的 70 个场景案例［M］. 北京：人民邮电出版社，2020.

2. 郑指梁，吕永丰 . 合伙人制度：以控制权为核心的顶层股权设计［M］. 北京：清华大学出版社，2017.

3.［加］彼得·詹森 . 王露瑶，译 . 激励核能［M］. 北京：中国友谊出版公司，2018.

4. 宇君 . 领导三件事全集［M］. 北京：海潮出版社，2010.

5.［美］亚伯拉罕·马斯洛 . 许金声等，译 . 动机与人格［M］. 北京：中国人民大学出版社，2012.

6. 牧之，张震 . 管理要读心理学［M］. 北京：新世界出版社，2010.

# 第十四章

# 实行参与式管理

所谓参与式管理，就是指在不同程度上让员工和下属参加团队的决策过程及各级管理工作，让下属和员工与团队管理者处于平行的地位研究和讨论团队中的重大问题。他们可以感到上有主管的信任，从而体验出自己的利益与组织发展目标密切相关而产生强烈的责任感；同时，参与管理为员工提供了一个取得别人重视的机会，从而给人一种成就感，员工因为能够参与商讨与自己有关的问题而受到激励。参与式管理既对个人产生激励，又为团队目标的实现提供了保证。

参与式管理的方式是试图通过增加员工对决策过程的投入，进而影响团队的绩效和员工的工作满意度。

## 一、参与式管理的四个关键

在员工参与式管理的过程中有四个关键性的因素：

### 1. 权力

权力是指提供给人们足够的用以作决策的权力。这样的权力是多种多样的，如工作方法、任务分派、客户服务、员工选拔等。授予员工的权力大小可以有很大的变化，从简单地让他们为管理者作出的决策输入一定的信息，到员工们集体联合起来作决策，乃至员工自己作决策。

## 2. 信息

信息对作出有效的决策是至关重要的，组织应该保证必要的信息能顺利地流向参与管理的员工处。这些信息包括运作过程和结果中的数据、业务计划、竞争状况、工作方法、组织发展的观念等。

## 3. 知识和技能

员工参与管理，他们必须具有做出好的决策所要求的知识和技能。组织应提供训练和发展计划，培养和提高员工的知识和技能。

## 4. 报酬

报酬能有力地吸引员工参与管理。一方面提供给员工内在的报酬，如自我价值与自我实现的情感，另一方面提供给员工外在的报酬，如工资、晋升等。

在参与管理的过程中，这四个方面的因素必须同时发生作用。如果仅仅授予员工作决策的权力和自主权，他们却得不到必要的信息和知识技能，那么也无法做出好的决策。

如果给予员工权力，同时保证他们获取足够的信息，对他们的知识和技能也进行训练和提高，但并不将绩效结果的改善与报酬联系在一起，员工就会失去参与管理的动机与热情。

员工参与管理能有效地提高生产力，其作用如下：

首先，员工参与管理可以增强组织内的沟通与协调。这样就通过将不同的工作或部门整合起来为一个整体的任务目标服务从而提高生产力。

其次，员工参与管理可以提高员工的工作动机，特别是当他们的一些重要的个人需要得到满足的时候。

最后，员工在参与管理的实践中提高了能力，使得他们在工作中取得更好的成绩。组织上增强员工参与管理的过程，通常包含了对他们的集体解决问题和沟通的能力的训练。

## 二、增强员工的归属感

美国可口可乐公司曾有一位总裁说过，"你可以夺取我的财富，烧掉我的工厂，但只要你把我的员工留下，我就可以重建一个可口可乐!"这就不难解释为什么众多企业经营者处心积虑地留住公司人才，且利用一切机会网罗公司外部人才的原因。

员工的归属感首先来自待遇，具体体现在员工的工资和福利上。衣食住行是人生存最基本的需求，买房、买车、购置日常物品、休闲等都需要钱，这都依靠员工在公司取得的工资和福利来实现。在收入上让每个员工都满意是一项比较艰难的事情，但是待遇要能满足员工最基本的生活需求才能在最基本的层面上留住人才。

个人的期望是赋予员工归属感的重要内容。每个人都会考虑自己在团队中的位置与价值，更注重自己未来价值的提升和发展。个人价值包括技术能力、领导能力、业务能力、基本素质、交涉能力等，领导者提供机会帮助员工增强以上能力，是团队增强魅力、吸引人才的重要手段。

增强员工归属感还需要特别注重每个员工的兴趣。兴趣是最好的老师，有兴趣才能自觉自愿地去学习，这样才能做好自己想做的事情。作为领导者应该尽可能考虑员工的兴趣和特长所在。擅长做管理的，尽可能去挖掘、培养他的管理能力，并适当提供领导机会；喜欢钻研技术的，不要让其去做领导工作。

让员工感觉到个人的重要是归属感营造中的重要内容。任何人都希望让别人喜欢他，让别人认可他，让别人信服他，让别人觉得他重要。团队管理者不可不知。

## 三、让员工参与决策

归属感是影响一个人职业走向的重要因素，它来自公司提供的机会和认可。因此，团队主管要不断满足员工的这种归属感，让员工体会到自己的价值。要让下属体会到这一点，重要的措施就是让他们参与到团队的规划与决策中来，让他们建言献策；对于合理的建言，不妨大胆采用。如此，才能调动员工的工作积极性，进而打造出一个上下沟通顺畅、内部协调到位的一流战斗团队。

怎样让下属参与到团队的规划与决策中来呢？主要有以下四点：

### 1. 提供机会

我们要相信，团队里的每个人都是最棒的。他们每个人都才华横溢，只是没有合适的表现机会与实战途径而已。主管要力所能及地为他们搭建展示其才华的舞台，让他们参与到团队规划与决策中来。这样的机会其实有很多。比如，可以是团队会议、内部讨论，也可以是主管与下属之间一对一的交流等。

### 2. 积极鼓励

如果主管能经常给员工一些鼓励，他们就能更好地认识自我，充分发挥出自己的积极性，为团队的工作建言献策。因此，主管要增强下属的自信心，鼓励下属积极参与团队规划与决策。

### 3. 合理化建议坚决实施

如果下属对于团队规划与决策提出了很多合理化建议，而主管只是流于形式，并不予以实施，必然会打击员工的积极性。因此，对于下属的合理化建议，只要是有助于促进团队工作的，就要大胆予以实施。

### 4. 将合理化建议纳入考核

要想充分调动员工的积极性，主管就要设定相应的鼓励措施。比如，可以将员工在团队规划与决策中所起的作用与所提出的建议纳入对员工的综合考核中，对于优秀者，给予相应的奖励；同时，将其作为晋升的一个考量因素。

 **参考书目**

1. 宇君. 领导三件事全集［M］. 北京：海潮出版社，2010.
2. 李革增. 决战中高层：中高层管理的 86 个核心问题［M］. 北京：中国经济出版社，2015.
3. ［美］史蒂文·霍夫曼. 周海云、陈耿宣，译. 让大象飞：激进创新，让你一飞冲天的创业术［M］. 北京：中信出版社，2017.

# 第十五章

# 打造团队文化

一家企业发展到不同阶段，需要不同的竞争优势。到了最高境界，比拼的就是文化了。

在实践中，我们会发现企业发展到一定阶段、团队在达到一定人数之后，无论怎么定目标、追过程，业务也很难获得突破性发展，业绩会停滞不前，甚至有所下降，我们称这个现象为企业成长的天花板。如何打破这层天花板呢？这就需要企业在基础管理制度之上形成整个团队共同的价值观念和使命愿景。用使命愿景驱动组织发展。从"正确地做事"转化到"做正确的事"。这些价值观念、使命愿景，就是我们常说的——文化。

一个国家有一个国家的文化，一个行业有一个行业的文化，一个企业有一个企业的文化。对于团队来说，也应该拥有属于自己的团队文化。

## 一、独木不成林，1+1＞2

个人可以很优秀，但在一个团队里，个人要做到的并不是一枝独秀，而是通过团队协同一起努力后，做到百花齐放。

单人不成阵，独木不成林。个人的力量总是有限的，当工作远远超出个人能力或精力的承受范围时，则需依靠团队的力量，才能最终达到目标。

据统计，诺贝尔获奖项目中，因协作获奖的占2/3以上。在诺贝尔奖设立的前25年，合作奖占41%，而现在已跃居到80%。由此可见，合作可以产生 1+1>2 的倍增效果。

什么是团队？关于团队的定义有很多。管理学家罗宾斯认为：团队就是由两个或者两个以上相互作用、相互依赖的个体，为了特定目标而按照一定规则结合在一起的组织。

1999 年，李彦宏带着 120 万美元的奖金从美国回到国内。他找到了好友徐勇，将自己想开创中国的搜索引擎公司的想法告诉了他，二人一拍即合。随后，他俩又找到了刘建国、雷鸣、郭眈、王啸、崔珊珊等年轻人，组成了一个 7 人的创业小团队，并戏称为"七剑客"。

在人才齐备的情况下，百度公司于 2000 年正式成立了。对于这个"七剑客"的小团队，李彦宏以非常开明的方式进行管理，在"做最好的搜索引擎"的目标下，根据成员中每个人不同的性格、不同的能力，安排他们在各个合适的岗位上，随后就放手让大家去完成各自的工作。经过四个多月的努力，"七剑客"小团队终于开发出了"百度 V.1.0"。后来经过十多年的发展，百度成长为全球第二大独立搜索引擎和最大的中文搜索引擎。

百度的成功，得益于李彦宏在最初组成的"七剑客"团队中，能够让各有所长的成员发挥个人优势，为团队贡献自己的能力。一个由相互联系、相互合作的若干部分组成的整体，经过优化设计之后，整体力量是能够大于部分力量之和，产生 1+1 > 2 的效果。

就算再伟大的球星，离开了集体的配合，单枪匹马，也是无法赢得比赛的；一支团结的球队才能成为一个有机的整体，才能在比赛时密切合作，赢得最终的胜利。

个人的成功离不开跟别人的合作，每一位成功者最爱说的一句话是："我能有今天，离不开大家的支持，成绩应归功于大家。"这是自谦之语，同时也道出了成功的一条秘诀，生活中需要合作的事情太多太多，让我们牢牢记住这句话："合作就是力量。"

## 二、Z型组织的文化特征

威廉·大内教授对日、美企业的经营管理进行对比后发现，在组织模式的每个重要方面，日本与美国都是对立的。但是，在美国的一些成功企业中，如 IBM、普罗克特、甘布尔、伊斯门等，在经营管理上与日本有着惊人的相似之处。于是，他创立了著名的"Z理论"。

"Z型组织"的文化特征是：信任、微妙性和人与人之间的亲密性。

### 1. "Z理论"的第一课——信任

威廉·大内认为，信任可以使企业内的部门做出牺牲以顾全企业整体的利益；信任可以使员工坦率和诚实地对待工作和他人，忠实于企业，关心企业劳动生产率的提高。

### 2. "Z理论"的第二课——微妙性

威廉·大内认为，人与人之间的关系既复杂又微妙，只有长期相处才能精确了解每个人的个性，才能组织效率最高的搭档。强迫命令不会有微妙性；微妙性一旦丧失，劳动生产率就会下降。有了微妙性，人们的工作才能降低成本，提高经济效益。

### 3. "Z理论"的第三课——亲密性

日本企业的成功，充分证明了亲密的个人感情在工作中的重要性。威廉·大内以为，亲密性会使信任和微妙性得到发展，人们相互关心，相互支持都来自密切的社会关系，社会的亲密性一旦瓦解，人们就会失去对企业组织、对社会的信任，就会产生恶性循环，最终导致劳动生产率水平的降低。威廉·大内指出，日本企业内的种种"会""小组""俱乐部"对于增进亲密性都是大有帮助的。

因此，威廉·大内得出了"Z理论"的结论：劳动生产率取决于信任、微妙性和亲密性。威廉·大内在他的著作中生动地概括出日本企业文化与企业经营的关系："日本企业的基本管理方法是如此微妙、含蓄和内在，以致局外人往往认为它是不存在的。……它的实质与西方企业的管理方法迥然不同。"

## 三、下大力气建设团队

管理者对员工进行管理必须重视团队建设。团队建设需要管理者从三个方面努力：

### 1. 提防精神离职

精神离职是在企业团队中普遍存在的问题。其特征为：工作不在状态，对本职工作不够热爱，团队内部不愿意协作，行动较为迟缓，工作期间无所事事，基本上在无工作状态下结束一天的工作。精神离职产生的原因大多是个人目标与团队愿景不一致产生的，也有工作压力、情绪等方面原因。

### 2. 控制超级业务员

个体差异导致了超级业务员的出现，其特征为：个人能力强大，能独当一面，在团队中常常以绝对的业绩跃跃领先于团队其他成员，组织纪律散漫，好大喜功，目空一切，自身又经常定位于团队功臣之列。超级业务员的工作能力是任何团队所需要的，但管理者必须对超级业务员进行控制，避免其瓦解团队的核心。

### 3. 瓦解团队中的非正式组织

团队是全体成员认可的正式组织。非正式组织短期内能够很好地进行日常工作，能够提高团队精神，调和人际关系，实施假想的人性化管理，在团队发展过程中，基本上向有利于团队的方向发展，但长期来看，会降低管理的有效性，致使工作效率低下，优秀团队成员流失。管理者必须瓦解团队中的各种非正式组织，让所有的员工都融入团队的工作中来。

## 四、打造团队共同价值观

没有文化的团队，就没有强大的组织力！

团队文化从哪里来？它不是从天上掉下来的，只有共同的价值观才能形成卓越的团队。共同的眼前利益可能形成一时的团队，但不能形成长期的团队；严格的内部纪律可能形成一时战斗力强的团队，但不能形成持续战斗力强的团队。只有具备持续战斗力的团队才称得上是卓越的团队。而这样的卓越团队只能来自共同的价值观！

詹姆斯·柯林斯认为，要塑造基业长青的公司，最根本的是核心理念。在他看来，"核心理念好像自然界的遗传密码。遗传密码在特种变化和演进时保持固定，着眼于长远的公司历经突变时，核心理念也保持不变。就是因为拥有这些不变的指导方针，着眼于长远的公司才会拥有一个目标、一种精神"。

要想在团队内部营造一种气氛，增强大家的协作意识，形成相互支持的局面，让大家产生团队感，不仅依靠规章制度，还需要共同的价值观才能做到。

上海一家传媒公司的联合创始人曾谈到他带团队的经验："如果价值观不从一开始就制定，会让团队为个人的错误买单。"这位管理者将团队的价值观定为"知行合一"。他讲述自己的亲身经历说："'知行合一'这个价值观是在项目不断磨合的过程中总结出来的。很多时候，人都是知道了我该怎么样去做，但真正能做出来，又是另外一回事。所以我强调结果导向。其实复盘下来，我觉得价值观定晚了。因为越是小团队，越是人手紧缺，环环相扣。当时，我们给客户办一个大会，其中有一个环节交代给一位同事，但是因为她没有负责好，也没有及时汇报，导致整个晚上我们团队都要陪她一起加班。关键是，一开始她甚至不能认识到这件事带来的危害，这在我看来明明是很基础的要求。后来我在招聘的时候，特别会注意两类人，一类是初入职场、职业感还不太强的员工；另一类是工作很多年、但会低估自己工作的难度和重要性、还一直找借口的员工，在面试的时候会反复确认他们是否能接受我们的价值观。"

某咨询公司创始人海先生畅谈他的管理经验时说："我是2017年开始创业的，做的是品牌咨询方向，当时研究生还没毕业，不过正好赶上了一个资源变现的机会，代价就是延期毕业。我个人对价值观的理解，随着公司规模扩大也在发生转变。最开始觉得，专业立身最重要。后来自己带一个小团队，业务规模增长到 5 000 万的时候，发现专业度这个东西过多停留在

'术'这个层面，此后更需要'道'的统一。后来为什么能受人尊敬呢，这和我从事的行业特殊性有关。我们就是传说中的乙方，很多时候面对甲方客户有一定的原生劣势，会出现被颐指气使牵着鼻子走的情况，另外品牌传播这个行业也有原罪，所谓原罪就是为了商业利益需要而操作舆论、误导公众、选择性地隐瞒真相。所以面对这些问题，我们想从专业度与道德感等方面打造受人尊敬的团队。不过就我的了解，应该有80%的员工都不太清楚自己所在的团队价值观是什么。"

很多团队一开始蒙眼狂奔、只看业绩，随着人数逐渐增多，才慢慢意识到，想要凝聚人心使大家齐心协力向目标挺进，还得靠统一的价值观。价值观看似很虚，但团队的每一项业务都需要围绕价值观展开，同时价值观还会实实在在地帮助管理者做决策，降低沟通、试错的成本，使大家创造的价值能够快速最大化。

团队要想打造一个有生命力的价值观也不是一朝一夕的事情，要经过长期的完善、磨合、激励，且不能随意变更。

在团队成长的过程中，需要"润物无声"地将价值观灌输下去，同时请价值观不一致的员工离开。

## 五、打造狼性团队

如果一个企业始终抱着做强做大的目的而且不遗余力地进取，就是狼性十足的企业；一个人如果始终抱着不甘平庸的决心竭力拼搏，那就是狼性十足的人。一个团队如果锐意进取，具备了充分合作的狼性特征，就是一支狼性团队。

与雄狮和猛虎相比，狼算不上是猛兽，它的体力与形状都与狗差不了多少。但是，狼却以自己矢志不移的食肉信念、百折不挠的作战态度、众狼一心的团队精神纵横自然界。如果地球上没有猎枪、陷阱、毒药，也就是人为的话，它们几乎可以和一切动物抗衡。

如果将狼的态度与意志移植到我们的大脑中，将狼群的法则用在我们的企业管理与团队运作上，我们的企业是否也会像狼群一样焕发无尽的团队活力？企业将产生怎样的成就？

在狼成功捕猎过程的众多因素中，严密有序的集体组织和高效的团队协作是其中的最明显和最重要的因素。这种特征使得他们在捕杀猎物时总能无往不胜。独狼并不是强大的，但当狼以群体力量出现在攻击目标之前，却表现出强大的攻击力。

在狼族社会里，一匹成狼的死亡会严重危及整个族群，如何寻找安全的巢穴以抚育小狼，目标猎物的行踪或可靠的水源等知识，都可能随着一匹老狼的殒命而消逝。一匹成狼的死亡便意味着多年的经验、知识与领导能力也随之消逝。

幸运的是，狼族中的老者不断地教导与提醒年轻的幼狼，给予它们机会去经历失败，从中学习与成长，直到成为领导者。整个狼族的捕猎、游戏和互助行为，都促使小狼们团结在一起。所有的这些活动，都增强了族群的社会秩序与传统。从幼小狼只与成年狼只嬉戏的经验里，幼狼学习到它们未来可能必须承担的领导能力，并且了解到整个狼群的未来发展，届时都将是它们生命的重要职责。

狼群的凝聚力、团队精神和训练，成为决定它们生死存亡的决定性因素。每位成员都应通过发挥特有的才智和力量来肩负起对团体应尽的义务，每一匹狼都要为群体的繁荣与发展承担一份责任。因此，一匹有智慧的狼如果死亡，并不会对狼的族群造成长久的致命伤害，因为，对于这些伤害，年轻的狼早已有万全的准备了。

狼群中每个成员都不希望成为光说不干的"老板"，它们中有些乐于成为技艺精湛的狩猎者，也有些擅长于作为族群看护者，还有一些喜欢充当群体的开心果……比如，领导狼群的责任由阿尔法狼担负，其他狼则共同承担整个狼群的其他事物。在母头狼产下一窝幼狼仔后，通常有一只成年的雄狼担当起"保姆"的作用，这样，母头狼就可以暂时摆脱当妈妈的责任，和公头狼去进行"蜜月狩猎"。

事实上，狼群在哺育期，它们的"集体主义意识"和"协作精神"远远胜过人类。每一只成年的狼都各司其职，担负着抚养后代的重任，在它们捕猎时总是通力合作，彼此照应。更令人感动的是，遇到危急时，狼群总是用自己尾巴的摆动、鼻子的相触来相互鼓劲。

在狼群中，并非每一匹狼都积极争取领导者的角色。但是，所有的狼都满足于自身所扮演的至关重要的角色，并不断地努力，以达到最完善的境地。

在某些组织中，总会存在一些不合时宜的座右铭，例如："不想成为将军的士兵不是好士兵""不想当老板的员工不是好员工"等。但事实上，这只是一种假象，一种领导者对面试者的期望，以及面试者套用这种期望而揣摩出的对话方式。可以想象，一个公司如果到处充满着这种急于爬升的员工，它必将造成整个组织或团体充斥着竞争与个人主义至上的气氛，而非协调、合作与忠诚。

当然，这并不是说狼族不会挑战权威、地位或社会阶级——它们也会这么做。不过，每一匹狼的社会角色，从孩提时期的嬉戏之中，便已经逐渐发展成形，并在成长的过程中，不断地针对该角色进行学习与演练。

它们的态度是基于这样的问题："什么是对团体最有益的？"而并非与人类一样，常常因为无法满足个人的欲望，而恶意破坏其所属的组织团体、家庭或事业单位。

不论是团队工作、公司业务、社会工作，或公民义务，个人对团体的尽心是让团体运行的原动力。"团队精神"就像是天气一样，每个人都在谈论它，但如果没有人能身体力行，一个团队就只能成为一个羊群，而并非狼群。

可以说，"狼性"就是小团队必须具备的精神，没有"狼性"的团队必然是孤立的团队，面对残酷的市场竞争必将抱头鼠窜、落荒而逃。

**参考书目**

1. 周永亮，李建立. 工作就是责任 [ M ]. 北京：机械工业出版社，2008.

2. 喻雄辉. 全能团队 [ M ]. 北京：台海出版社，2019.

3. 张永钢. 战斗 2：阿里铁军销售主管养成笔记 [ M ]. 北京：当代世界出版社，2019.

4. 宇君. 领导三件事全集 [ M ]. 北京：海潮出版社，2010.

# 第十六章

# 主管的责任所在

作为团队负责人，我们和下属之间最大的区别就是，我们的责任心比他们更强。只有这样，我们才能够获得高层的重用和栽培，才有资格去带领团队。

如果我们的责任心不够，做事马虎，就没有资格去领导团队。

作为团队负责人，对团队的结果负责，对下属的成长负责，对下属的错误负责，盯住团队的目标，这些都是责任心的表现。

## 一、责任让名企基业长青

读过詹姆斯·柯林斯《基业长青》一书的人不会忘记他在书中提到的长青秘方：企业家和经理人应该是造钟人而不是报时者（让人们建造坚定的基础而不是仅仅实现眼前的目标）、注重利润之上的追求（利润仅仅是手段而不是目的，务实的理想主义是目标的原则）、保存核心、刺激进步、胆大包天的目标、教派般的文化、择强汰弱的进化、自家成长的经理人、永远不够好、起点的终点（强调永无止境）。如果真的仔细分析了这些长青原则后，你就会发现，这些原则的背后其实有一个根本的动力，那就责任！是企业家和经理人不仅仅看重眼前更要看重长远的责任感！是企业家和经理人不仅仅追求物质的目标更要创造精神财富的责任感！

历史的事实证明，企业发展过程中总会遇到各种各样的危机和重大问题。一个能够长寿的企业并不总是一帆风顺的。企业不怕遇到危机，最怕遇到的是缺乏责任感的管理者和员工！危机可以度过，缺乏责任感的管理者和队伍却是制造危机、扩大危机并终将危机转化为企业崩溃的源头！

一位法国商人购买了一辆劳斯莱斯汽车，兴奋之余，亲自开车带着自己的家人到西班牙度假。刚刚走到法国南部一个偏远小镇的时候，车突然抛锚了，当地的汽车维修站一检查，是有个零件出了毛病，只能厂家更换，他们无能为力。法国商人当时就火冒三丈：都说拥有劳斯莱斯是一种豪华的享受，这算个什么东西？他立即拨通了劳斯莱斯法国总部的电话，连声指责他们的车如何如何的拙劣，总部接听电话的女士在耐心听了法国商人的抱怨之后，平静地问了问几个问题，然后又客气地问了问当地维修人员关于车的问题，最后对这位法国商人说："先生，首先为耽误您的行程以及为您及您的全家带来的问题表示道歉，我向您保证，我们的维修人员将在两个小时之内到达您所在的地点，给您送去零部件！"法国商人一听就又气又乐："你们来点实际的，两小时？我自己开车就开了三个多小时！"接线的女士没有笑，重复了一句："先生，我再次向您保证，我们的维修人员将在两小时到达您所在的地方！"

法国商人已经觉得有些滑稽了，半开玩笑半气恼地说："好，我等着，如果维修人员不能在您说的时间到，我将起诉你们！"说完，他把电话挂掉了，开始给自己的律师打电话。

时间过去了一个多小时，法国商人看着远处的高速公路，嘴里叨叨着，暗暗地咒骂着刚才的接线服务人员。突然，他听到了"轰隆隆"的飞机引擎声，一架直升机出现在了上空，而且正在缓缓降落！正在大家不知发生了什么事情的时候，他看到了飞机上的劳斯莱斯标志！果然，是劳斯莱斯公司的维修人员开着直升机到了！

这位法国商人不仅不再抱怨和咒骂，而且以后经常就给人讲这段让他记忆犹新的往事，劳斯莱斯的这段坏事反而变成了好事的口碑！如果不是强烈的责任意识，谁会傻到开飞机去执行维修任务呢？话说回来了，如果不是这种超乎寻常的责任感，劳斯莱斯的品牌又会是个什么样子呢？汽车再好也只是汽车而已，只有强烈的对于客户的责任感才是让客户感动的根源，也才是让企业长存的原动力！

如果读过日裔美籍学者威廉·大内的《Z理论》，大家就不难发现，大内先生提出的Z型公司文化的一个鲜明特征就是员工表现出来的那种强烈的责任感。他在书中写道：

"在Z型公司，利润本身并不是项目的终点，也不是在竞争过程中'记分'的方法，相反，如果企业能继续给客户带来真正的价值、帮助雇员成长和帮助他们作为企业的一员表现出责任心，那么，利润就是对企业的奖励。……Z型公司的一个突出特点是，这些价值观不是虚伪的东西，不是装饰品，而被奉为决策时参考的标准。"

如此说来，是不是说Z型公司不关注利润了？就大内的观察，IBM、惠普、宝洁等Z型美国大公司在当时是发展最快的、最赚钱的公司。从今天的角度看，它们仍然是美国公司中比较长寿且盈利能力比较强的公司。看来，只有真正对客户负责任、对社会负责任、对员工负责任，才能让公司发展得更长久！

## 二、三分能力，七分责任

美国将领巴顿将军在他的战争回忆录《我所知道的战争》中曾提到这样一件事：

"我要提拔人时常把所有的候选人排到一起，给他们提一个我想要他们解决的问题。我说'伙计们，我要在仓库后面挖一条战壕，8英尺长，3英尺宽，6英寸深。'我就告诉他们那么多。我有一个有窗户或有大节孔的仓库。候选人正在检查工具时，我走进仓库，能过窗户或节孔观察他们。我看到伙计们把锹和镐都放到仓库后面的地面上。他们休息几分钟后开始议论我为什么要他们挖这么浅的战壕。他们有的说 6 英寸深怎么能当火炮掩体，其他人争论说这样的战壕太热或太冷。如果伙计们是军官，他们会抱怨他们不该干挖战壕这么普通的体力劳动。最后，有个伙计对别人下命令：'让我们把战壕挖好后离开这里吧。那个老家伙想用战壕干什么都没关系。'"最后，巴顿告诉大家，正是那个伙计后来得到提拔。

挖这样一条战壕有什么用不是士兵考虑的事，把战壕尽快挖好才是自己的责任那个伙计才是真正负责的人。

商场如战场，责任的观念在企业界同样适用。每一位员工都必须服从上级的安排，服从的人必须暂时放弃个人的一些考虑，全心全意去遵循所属机构的价值观念，这就是员工的责任。大到一个国家、军队，小到一个企业、部门，成员是否能够坚决地履行他们的责任将决定最终的成败。即使是细微的地方，一点责任感的缺失，都会给员工自己和公司造成意想不到的后果，因此三分能力、七分责任这样的说法不无道理。

卡尔先生是美国一家航运公司的总裁，他委任了一位非常有潜质的人到一个生产落后的船厂担任厂长试图扭转该厂的生产状况。可是半年过去了，这个船厂的生产状况依然不见起色。"怎么回事？"卡尔先生在听了厂长的汇报之后问道，"像你这样有能力的人才，为什么不能够拿出一个可行的办法，促使他们完成规定的生产指标呢？"

"我也没办法。"厂长无奈地回答说，"我也曾用加大奖金力度的方法引诱，也曾经尝试过用强迫压制的手段威逼，甚至以开除或责骂的方式来威胁他们。无论我采取什么方式，都改变不了工人们自由散漫的现状。他们就是不愿意干活，我看实在不行就招聘新人吧，让他们走人！"

这时恰逢太阳西沉，夜班工人已经陆陆续续向厂里走来。"给我一支粉笔，"卡尔先生说，然后他随口问离自己最近的一个白班工人，"你们今天完成了几个生产单位？"工人回答说是 6 个。卡尔先生在地板上写了一个大大的、醒目的"6"字以后，什么也没说就走开了。当夜班工人进到车间时，他们一看到这个"6"就问是什么意思。"卡尔先生今天来这里视察，"白班工人回答，"他问我们完成了几个单位的工作量，我们告诉他 6 个，他就在地板上写了这个 6 字。"

次日早晨卡尔先生又来到这个车间，夜班工作已经将原来的"6"字擦掉，换上了一个大大的"7"字。下一个早晨白班工人来上班的时候，他们看到一个大大的"7"字写在地板上。夜班工人以为他们比白班工人要强，是不是？好，要给夜班工人点颜色瞧瞧！他们竭尽全力地加紧工作，下班前，留下了一个十分扎眼的"10"字。生产状况就这样慢慢好起来了。不久，这个一度生产落后的厂子比公司别的工厂产出还要多。

卡尔先生就这样巧妙地达到了提升生产效率的目的，原因在于他用一个数字激起了员工的责任意识。而这种责任感使得员工充分发挥出他们的能力，使得业绩一再提升。

在现实社会中，责任常为人们所忽视，片面地强调能力。诚然，工作中能力很重要，可关键在于，一个员工即使能力再强，如果他无心付出，甚至根本就不愿意付出，那么他是不可能为公司创造太大的价值的。而一个愿意为公司全身心付出，高度负责的员工，即使能力稍逊一筹，也能创造出价值来。更何况对企业而言，员工的责任自己和使命是无法用价值来衡量的宝贵的财富。

三分能力、七分责任，这种理念不是对能力的否定。一个富有责任心然而毫无能力的人，同样是无用之人。能力、责任兼备的员工才是现代职场的完美员工。

## 三、明白自己的责任是什么

在一个团队里工作，我们首先要清楚自己在做什么。只有做好自己分内工作的人，才有可能再做一些别的事情，相反，一个连自己工作都做不好的人，怎么能让他担当更重的责任呢？总有一些人认为，别人能做的事自己也能做，实际情况是，越这样想的人越什么事也做不好。

如果我们明白自己的责任是什么，就会向目标更进一步，如果每承担一项新的工作，或者担任一个新的职位，能问自己，"我的责任是什么"，相信会一步步走向成功。

"明白自己的责任是什么"包括几层意思：一是要弄清楚自己该承担的责任，而不是没有责任；二是要明白自己该负有哪些责任。只有明白了，你才可能承担起属于自己的责任；三是要明白自己的责任是什么，不要推卸责任；四是弄清了自己的责任后，你才知道自己能承担起这份责任。

三国时，诸葛亮挥泪斩马谡后自降三级官职，是"明白自己的责任是什么"的著名案例。

公元228年春，诸葛亮正式出兵北伐。为了获取全胜，诸葛亮特别选中马谡来担任先锋。当诸葛亮的主力部队到达祁山时，打了曹魏军队一个措手不及，汉阳，南阳等地的吏民纷纷起兵反魏归蜀，战局对蜀军十分有利，但是，马谡这时在街亭（今甘肃秦安县东北）却出了问题。他率军进至街亭时，遇到了魏将张郃所率主力部队的抵抗。马谡违背了诸葛亮原先的部署，又不听从部将王平将军的建议，在众寡不敌的形势下，居然不下据城，而舍水上山，结果被张郃军队切断水道，杀得大败。街亭失守，使诸葛亮十分被动，一场十分有利的战局顿时变成败局。尽管诸葛亮十分爱惜马谡的才华，但是，为了严明军纪，他毅然按照军法处斩了马谡，还上疏朝廷，自请贬官三级，追究个人"不能训章明法"、用人不当的责任。

事后，部下蒋琬认为诸葛亮在天下尚未平定时杀智谋之士，太可惜了。诸葛亮却认为：孙武、吴起所以能够天下无敌，是由于执法严明；现在天下分裂，北伐战争刚刚开始，如果松弛法纪，还靠什么去讨伐敌人？所以，后人对此评价甚高，以"法加于人也，虽从死而无怨"来称赞诸葛亮赏罚分明、勇于负责的精神。

在第二次世界大战时期，同样也有一个著名的"首先明白自己的责任"的案例：

据英国《泰晤士报》报道，盟军最高司令艾森豪威尔将军的参谋长费雷德里克·摩根中将早在1942年年底和1943年年初就对诺曼底登陆行动进行了长时间的周密策划，但是，英国首相丘吉尔和艾森豪威尔将军都对这一计划能否取得成功表示怀疑。

当时，艾森豪威尔甚至用铅笔在草稿纸上写下了他将在登陆行动失败后宣读的文字。那段文字是："我们在瑟堡——阿费尔地区登陆时，未能找到令人满意的据点，我已下令撤回部队。我是依据我得到的最佳情报作出发动进攻的决定的。空军和海军部队表现出了英勇无畏和忠于职守的精神。如果这次登陆行动失败，责任由我一个人承担。"

在这一事件中，艾森豪威尔将军展现出了崇高的职业精神。他清楚自己作为指挥官的责任是什么，虽然他完全可以将责任推给执行命令的将领，或者推给作战的士兵，但是他没有那么做。虽然他可以找出各种借口为自己开脱，诸如天气问题、装备问题、敌人太狡猾、消息泄露等，但他没有寻找任何借口。

工作中，谁都不希望出现失误，但一旦做错了事，就不要推卸责任了。埃克森石油集团的副总裁爱德·休斯说："工作出现问题是自己的责任的话，应该勇于承认，并设法改善。慌忙推卸责任并置之度外，以为老板不会察觉，未免太低估老板了。我不愿意让那些热衷于推卸责任的员工来做我的部下，这会使我不踏实。"

对于任何人来说，推脱责任都是有害无益的，它会断送一个人的前途，并注定一个人平庸的结局。所以，要想成为一个优秀的团队管理者，就要竭力避免推卸责任的言行，树立起主动承担责任的良好形象。

**参考书目**

1. 周永亮，李建立. 工作就是责任［M］. 北京：机械工业出版社，2008.

2. 龙小语. 三分能力七分责任［M］. 北京：海潮出版社，2008.

3. 龙小语. 三分能力七分责任（励志版）［M］. 北京：海潮出版社，2013.

4. 周志友. 德胜员工守则［M］. 安徽：安徽人民出版社，2006.

# 第十七章

# 有奖励有处罚

有功劳的，一定要奖赏，否则谁肯卖力奉献？有过失的，一定要惩罚，否则谁会谨慎处事。切实做到惩前毖后，赏罚严明，团体的纪律才能获得有效维护，团体中的每个成员才会尽心尽力。

相反，做好事得不到奖赏，做坏事受不到惩罚，每个人就可以放心大胆地胡作非为，那么整个纪律会遭到破坏，管理会陷入混乱。

## 一、破窗理论的启示

美国斯坦福大学心理学家詹巴斗曾做过这样一项试验：

他找来两辆一模一样的汽车，一辆停在比较杂乱的街区，一辆停在中产阶级社区。他把停在杂乱街区的那一辆的车牌摘掉，顶棚打开，结果一天之内就被人偷走了。而摆在中产阶级社区的那一辆过了一个星期也安然无恙。后来，詹巴斗用锤子把这辆车的玻璃敲了个大洞，结果，仅仅过了几个小时，车就不见了。

政治学家威尔逊和犯罪学家凯琳依托这项试验，提出了一个"破窗理论"。这一理论认为：如果有人打坏了一个建筑物的窗户玻璃，而这扇窗户又未得到及时维修，别人就可能受到暗示性的纵容去打烂更多的窗户玻璃。久而久之，这些破窗户就给人造成一种无序的感觉。那么在这种公众麻木不仁的氛围中，犯罪就会滋生、蔓延。

在日常生活和工作中，经常可以发现这样一些现象：一个人带头摘取商店门口摆放的鲜花，其他人就群起而效仿，将门口的鲜花一抢而空；桌上的财物，敞开的大门，可能使本无贪念的人心生贪念；有的员工工作中违反程序，还称"都是这样干的"或者"上次就是这样做的"；对于违反公司程序的行为，有关组织没有进行严肃处理，没有引起员工的重视，从而使类似行为再次发生甚至多次重复发生；对于工作不讲求成本效益的行为，有关领导不以为然，使下属员工的浪费行为得不到纠正，反而日趋严重……

"破窗理论"在社会管理和企业管理中给我们的启示是：必须及时修好"第一个被打碎的玻璃窗户"。我们有个成语叫防微杜渐，说的正是这个道理。

纽约市交通警察局局长布拉顿受到"破窗理论"的启发。他在给《法律与政策》杂志写的一篇文章中谈道："地铁无序和地铁犯罪在80年代后期开始蔓延。那些长期逃票的、违反交通规则的、无家可归骂街的、站台上非法推销的、墙壁上涂鸦的……所有这些加在一起，使得整个地铁里弥漫着一种无序的空气。我相信，这种无序就是不断上升的抢劫犯罪率的一个关键动因。因为那些偶然性的犯罪，包括一些躁动的青少年，把地铁完全看成可以为所欲为、无法无天的场所。"

布拉顿采取的措施是号召所有的交警认真推进有关"生活质量"的法律，他以"破窗理论"为师，虽然地铁站的重大刑案不断增加，他却全力打击逃票。结果发现，每七名逃票者中，就有一名是通缉犯；每二十名逃票者中，就有一名携带武器。结果，从抓逃票开始，地铁站的犯罪率竟然开始下降，治安大幅好转。

1994年1月，布拉顿被任命为纽约市的警察局局长。他开始把这一理论推广到纽约的每一条街道、每一个角落。他指出，这些小奸小恶正是暴力犯罪的引爆点。因为针对这些看来微小，却有象征意义的犯罪行动大力整顿，结果带来很大的效果。

"警局的最高领导居然要关心街头那些'毛毛雨'犯罪，这在纽约市是史无前例的，甚至在整个美国绝大多数警察局也是史无前例的。"马里兰大学政策研究专家沙尔曼感慨地说。

在"破窗理论"的指导下，纽约市的治安大幅好转，甚至成为全美大都会中，治安最好的城市之一。人们把这个庞大的都市几十年来从没有过的崭新气象都归功于布拉顿。

"破窗理论"在社会治安综合治理以及反腐败中的应用意义是显而易见的，在团队管理中也有重要的借鉴意义。

在日本，有一种称作"红牌作战"的质量管理活动：

第一，清理。清楚地区分要与不要的东西，找出需要改善的事、地、物。

第二，整顿。将不要的东西贴上"红牌"。将需要改善的事、地、物以"红牌"标示。

第三，清扫。有油污、不清洁的设备贴上"红牌"。藏污纳垢的办公室死角贴上"红牌"。办公室、生产现场不该出现的东西贴上"红牌"。

第四，清洁。减少"红牌"的数量。

第五，修养。有人继续增加"红牌"；有人努力减少"红牌"。"红牌作战"的目的是，借助这一活动，让工作场所得以整齐清洁，塑造舒爽的工作环境，并进而养成团队内成员做事有讲究的心，久而久之成了习惯，大家遵守规则，认真工作。

许多人认为，这样做太简单，芝麻小事，没什么意义，而且兴师动众，没有必要。但是，一个企业产品质量是否有保障的一个重要标志，就是生产现场是否整洁。这应该是"破窗理论"比较直观的一个体现。

公司对员工中发生的"小奸小恶"行为，要引起充分的重视，小题大做，加重处罚力度，严肃公司法纪，这样才能防止有人效仿，积重难返。特别是对违反公司核心理念的行为要严肃查处。

美国有一家以极少辞退员工著称的公司。一天，资深车工杰瑞为了赶在中午休息之前完成三分之二的零件，在切割台上工作了一会儿之后，就把切割刀前的防护挡板卸下放在一旁，没有了防护挡板，收放加工零件会更方便更快捷一点。大约过了一个多小时，杰瑞的举动被无意间走进车间巡视的主管逮了个正着。主管雷霆大怒，除了目视着杰瑞立即将防护板装上之外，又站在那里控制不住地大声训斥了半天，并声称要作废杰瑞一整天的工作量。事到此时，杰瑞以为结束了，没想到，第二天一上班，有人通知杰瑞去见老板。在那间杰瑞受过好多次鼓励和表彰的不规则形状的总裁室，杰瑞听到了要将他辞退的处罚通知。总裁说："身为老员工，你应该比任何人都明白安全对于公司意味着什么。你今天少完成了零件，少实现了利润，公司可以换个人换个时间把它们补起来，可你一旦发生事故失去健康乃至生命，那是公司永远都补偿不起的……"离开公司那天，杰瑞流泪了，工作了几年时间，杰瑞有过风光，也有过不尽人意的地方，但公司从没有人对他说不行。可这一次不同，杰瑞知道，他这次碰到的是公司灵魂的东西。

这个故事告诉我们，对于影响深远的"小过错"，"小题大做"去处理，以防止"千里之堤，溃于蚁穴"，正是及时修好"第一个被打碎的窗户玻璃"的明智举措。

## 二、有功必赏，有过必罚

有功必赏，有过必罚，赏罚分明，此乃军中要律。团队主管用人与之同道，兵法之理，时刻记在心中。对于有突出贡献者，或者付出额外工作者，要及时奖励，尽管他口头说"这是应该的"，但还是盼望领导给予奖励。奖励多少，形式可不一，但总是有的，如果奖励不及时也起不到太大的效果。

赏罚分明，体现了褒扬贬抑，指示了人们行动的方向，强化正当的进取，弱化错误的选择。赏罚分明，给人以精神上的满足或抑制，它通过奖赏，肯定了人才的劳动价值乃至人生价值；通过惩罚，否定了一些错误行为和消极因素。

赏罚分明，是人的利益所在，如果赏罚不明，会产生相应的危害。商鞅说："赏罚不明，就好比任重道远而无牛马，济大川而无舡楫。"他指出赏罚不明就等于失去了事业成功的基础和希望。唐代元结《辩惑》强调了赏罚并用的重要性："赏善而不罚恶则乱，罚恶而不赏善亦乱。"指出了赏罚两个方面缺一不可。

赏罚分明，必须讲究科学方法，必须遵循以下几项原则。

### 1. 赏罚据实

惩罚与奖励，是管理工作的两件利器。但是在做出惩罚决定时，其先决条件是弄清事实。只有事实清楚后的惩罚才会做到掷地有声，又稳又准。事实是难以捉摸的东西，它们会被形式所掩盖。领导必须分清事实与怀疑之间的界线，必须创造让大家看来是公开、诚实、信任的气氛。事实的真相也是难以捉摸的，它并不是在一张纸上提供一套简单的事实，而是穿着多彩的外衣。我们很少能一眼看出真相，所以必须从不同的角度去看，如果从单一的角度去看问题，难免出现失误。

为了成功地做好事情，必须首先弄清事实，不受外界各方面的影响。如果故意误导，带有偏向，不将事实弄清，领导的威信将大大受影响。不但受到惩罚的人满腹委屈，其他明白真相的人看在眼里，也会替他鸣不平。

对待事实问题，还必须区分，事实与观点的不同。很多人容易将这两者混淆。例如，他们喜欢将"某人懒惰""某人没有竞争性"等作为事实。某人很少主动帮助别人是事实，但这并不意味着他就是懒惰者。关键是要抓住核心的事实，能够面对挑战和展开详尽的调查。弄清了核心的事实，才能更好地做出有效的决定。

核心的事实是存在的有形的东西，是实际发生的东西。这些有形的东西可以用确切的语言来描述，也可以用数字来衡量。某人上周迟到了 3 次，这是事实，但某人总不守时，却不一定是事实；某人昨天失去了一批订单是事实，但他干不成任何事情则不一定是事实。

弄清事实，也需要建立一种关系与信任。这意味着领导能准确地判断谁可信，同时也意味着不能以个人的信任和观点来掩盖我们面前真切的事实。弄清事实才能下定决心是奖是惩，才会有的放矢，才会威服于人。

### 2. 赏罚一致

惩罚和奖励的目的都是为使人更努力地工作。但有时候，由于某些制度或程序的障碍，造成所需要的行为与所惩罚或所奖励的行为之间不一致，因此也无法达到最初目的。

一位年轻的工程师想请3天假去陪家人郊游，但他的领导没有批准，因为部门最近的工作很紧张，工人们每天都要加班，连星期六也不能休息。有一天，这位保持最高迟到记录的工程师又晚到了30分钟。领导对此十分生气，警告他："如果你再迟到一次，我将让你停职3天并扣除工资。"你猜第二天谁迟到了？还是这位工程师！那位工程师听到这一警告，为这一难得的机会而沾沾自喜。他终于可以实现自己郊游的愿望了。于是第二天，他故意去得很晚。如其所料，他被停工3天，扣除3天工资。但他可以出去与家人一起郊游了，满足了自己的需求。那位领导也自以为做得正确，"正确"地维护了管理制度，但部门的工作还是无法按时完成。

以上事例中领导者按常规办事的做法，造成了惩罚行为与惩罚效果的严重脱节。这位领导者敲的警钟最后还是没有敲到实处，反而正击中那位工程师的下怀。奖励也是一样，有时造成奖励行为与奖励目的的脱节。领导奖励什么行为，将会得到更多这种行为。虽说赞扬与抚慰是经常性的行为，但也应注意不要奖励所不该奖。如果那样，领导将不会得到自己所希望的东西，而是得到所奖励的东西。譬如不慎奖励了一个人，是他的投机取巧的工作瞒过了领导的眼睛，那么这种投机取巧行为被纵容滋长起来。

### 3. 赏有信，罚必果

"信赏必罚"是管理者遵循的御人法则。信赏必罚的重点在及时和适度。

立刻施行，大家才会知道效法和警惕。所谓"适度"，就是奖惩的程度要适当。大功大赏，小功小赏；大过严惩，小错薄罚。

在公平的范围内处理得让人心服口服，奖惩才有意义。如果因为私心，小功给大赏，或是大过而薄惩，引起的后果可能比不处置还严重。

### 4. 功过不抵

赏罚分明，不但指对不同的人该赏则赏，该罚则罚，还指对同一个人的不同事件该赏则赏，该罚则罚，决不能功过相抵。理由是：

第一，任何人都有其功，也有其过，如果功过相抵，就容易导致功过混淆，毫无界限。公元1126年，金兵攻陷宋朝京师洛阳，宋徽宗、宋钦宗两个皇帝被金人掳走，北宋灭亡。在金兵的逼迫下，朝廷众官打算立张邦昌为国君，但遭到秦桧等人的坚决反对，秦桧因此也被金人俘虏。秦桧的这个举动称得上是大功，一时受到全国上下的赞誉。可是，秦桧到金国后，一反前态，除了替宋徽宗操刀写乞和书，投靠金人外，还卖国求荣，陷害抗金英雄岳飞，留下万世骂名。此刻，是否能因秦桧有前功而赦其后罪呢？历史做出了公正判决：秦桧罪不可赦。

第二，功过相抵，容易造成特权。有的人因为做出了成绩，或立有功勋而得到一官半职，如果功过可以相抵，那么各级官吏必享首惠，又加上大权在握，官官相护，官僚特权必然更加肆无忌惮，法律、制度、规章在他们面前也必然荡然无存。

因此，要做到功过不相抵，必须：功过分明，各施赏罚。若有大功于前，按律行赏；又有大过于后，按律施惩。一个大功臣杀害无辜的人和一个地痞无赖杀害无辜的人，应该用同一条法律制裁，而不应考虑昔日的功劳，杀人偿命，自古而然。反之，若有大过在前，理应施以惩罚，又有大功于后，也应按律行赏。

"在法律面前人人平等，在纪律面前一视同仁"，以这样的原则来用人，主管不因个人情感而行赏罚，赏罚分明，事半功倍。

### 三、惩罚三字决

意大利著名思想家和哲学家马基雅维里曾写过《霸术》一书，书中告诫管理者说："最好是一上台便来一个下马威，而好事要一点一点地去做。"

惩罚一般要掌握三字决，即稳、准、狠。

#### 1. 稳

采用强硬手段惩罚一个人，也是要冒风险的。这主要在于惩罚对惩罚者本身，有时这个人有良好的人际关系；有时掌握着关键技术信息；有时有着强硬的后台。拿这样的人开刀，就要对其背景多加考虑，慎重行事。惩罚不当终会带来抵制和报复，因此在动手之前首先应想到后果，能够拿出应付一切情况发生的可行办法。

#### 2. 准

批评、惩罚要直接干脆，直指其弱点，直刺其痛处，争取一针见血。有时某人总是犯同样的错误，或者代表一类人的错误，这时的惩罚要选准时机，待其犯错最典型、最明白、最有危害性时痛下杀手。切忌无事生非，不明事实；也切忌小题大作。这样才会做到让受罚人口服心服，有苦说不出；也才会真正让众人引以为戒。

#### 3. 狠

一旦认准时机，下定决心，便要出手利落，坚决果断，毫不容情。切忌犹豫不定反复无常，拖沓累赘。杰出领导者的经验是："一旦采取坚决措施，便变得冷酷无情。"这样做，是在向众人显示，我的做法是完全正确、适宜的，我对我的做法毫不后悔，充满信心，这是最好的选择。

《三国演义》或《水浒传》之类的小说，有类似的情节：一员大将骁勇善战，忠心耿耿，却不幸在一次战斗中失败，被对方俘获。当他被五花大绑推到堂上，正准备从容就义之时，对方高明的领袖一见，忙亲自上前松绑，口称英雄，恩礼有加。结果会怎样？不用说，多数英雄也都感谢知遇之恩，以求今后以死相报了。这正是恩威并施运用的妙处。

**参考书目**

1. 启融 . 责任就是不找借口 [ M ] . 北京：海潮出版社，2011.

2. 周俊杰 . 领导有方：掌握领导技巧的 12 个方法 [ M ] . 北京：北京工业大学出版社，2006.

3. 李智慧 . 管理者每天读点领导学知识 [ M ] . 北京：海潮出版社，2011.

4. [英] 伊恩·麦克雷，艾德里安·弗尔汉姆 . 龙红明，译 . 激励与绩效 员工激励多样化方案 [ M ] . 北京：人民邮电出版社，2020.

5. 汪斌斌 . 执行就是解决问题 [ M ] . 北京：海潮出版社，2012.

6. 彦涛 . 不懂带人，就当不好经理 [ M ] . 上海：立信会计出版社，2016.

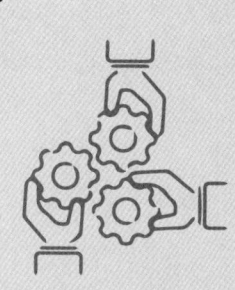

# 第三篇
# 主管不可不懂的十门技术

# 第十八章

# 超级沟通术：高效能对话

沟通如同团队的血液，贯穿到团队整个管理过程当中，且极其重要。

管理心理学中有一个著名的"蜂舞法则"：奥地利生物学家弗里茨经过细心的研究，发现了蜜蜂"舞蹈"的秘密。蜜蜂的"舞蹈"主要有圆舞和镰舞两种形式。工蜂回来后，常做一种有规律地飞舞。如果工蜂跳圆舞，就是告诉同伴蜜源与蜂房相距不远，约在 100 米左右。如果工蜂跳镰舞，则是通知同伴蜜源离蜂房较远。路程越远，工蜂跳的圈数越多，频率也越快。如果跳"8"字形舞，并摇摆其腹部，舞蹈的中轴线跟巢顶的夹角，正好表示蜜源方向和太阳方向的夹角。蜜蜂跳舞时头朝上或朝下，与告知蜜源位置之方向有关：跳舞时头朝上时，表明找寻蜜源位置必须朝着太阳的方向飞行。

"蜂舞法则"揭示的道理是：信息是主动性的源泉，加强沟通才能改善管理的效果。管理者要像蜜蜂采蜜一样，吸取各种沟通方式的特点，将"蜂舞法则"揉合到自己的管理艺术中。

## 一、沟通是管理工作的浓缩

沟通是管理的常用方法，也是解决诸多问题的关键所在。如果沟通做好了，将在很大程度上帮助我们处理人际关系，完成工作任务，达到绩效目标。相反，如果沟通不好，则可能会产生许多意想不到的问题，造成管理混乱，效率低下，甚至员工离职问题。一旦掌握了沟通的技巧并能熟练运用，我们将会把工作当成一件快乐的事情。因此，作为团队主管，要保持沟通之心，让沟通成为工作利器。

英国管理学家 L. 威尔德说："管理者应该具有多种能力，但最基本的能力是有效沟通。"

一个有经验的管理者、一个高效的管理者，一定是一个优秀的沟通者。

美国钢铁和国民蒸馏器公司的子公司 RMI 坐落在俄亥俄州的奈尔斯，该公司生产多种钛制品。多年来，公司的工作效率低下，生产率也上不去。

自从大吉姆·丹尼尔到这里担任总经理后，情况就发生了变化。大吉姆没有什么特殊的管理办法，他只是在工厂里到处贴上如下标语：

"如果你看到一个人没有笑容，请把你的笑容分给他。"

这些标语下面都签有名字"大吉姆"。

公司还有一个特殊的厂徽：一张笑脸。在办公用品上，在工厂的大门上，在厂内的板牌上，甚至在员工的安全帽上都绘有这张笑脸。这就是美国人所称的"俄亥俄的笑容"。《华尔街日报》称之为"纯威士忌酒——柔情的口号、感情的交流和充满微笑的混合物"。

大吉姆自己也总是满面春风。他向人们征询意见，喊着员工的名字打招呼，全厂 2 000 名员工的名字他都能叫得出来。他还让工会主席列席会议，让他知道工厂的计划是什么。

结果，只用了 3 年时间，工厂没有增加 1 分钱的投资，生产率却惊人地提高了近 8%。

在这里，一张笑脸、称呼员工的名字、征询意见、让工会主席列席会议，都成为沟通的有效手段，并产生了良好的效果，企业也因此而得到了惊人的改变。

美国沃尔玛公司前总裁萨姆·沃尔顿说："如果你必须将沃尔玛管理体制浓缩成一种思想，那就是沟通。因为它是我们成功的真正关键之一。我们以许多种方式进行沟通，从星期六早晨的会议到极其简单的电话交谈，乃至卫星系统。在这样一家大公司实现良好的沟通的必要性，是无论如何强调也不过分的。"

事实的确如此，萨姆·沃尔顿就坚持跟员工保持沟通，为此他经常对沃尔玛商店进行不定期的视察。这使他成为深受大家敬爱的老板，同时也使他获得了大量的第一手信息。他一方面通过沟通发现问题，同时也乘机挖掘人才，让他们去做合适的事。因此，常有这样的情况，他给业务经理打电话说："让某人去管理一家商店吧，他能胜任。"业务经理要是对此人的经验等方面表示出一些怀疑，他就会说："给他一家商店吧，让我们瞧瞧他怎么做。"因为他在沟通中已经了解了这个人的能力。

沟通是管理的浓缩，有团队、有管理，就必然需要沟通，唯有沟通才能减少摩擦、化解矛盾、消除误解、避免冲突，发挥团队和管理的最佳效能。

## 二、沟通，从心开始

有兄弟二人，年龄不过四、五岁，由于卧室的窗户整天都是密闭的，他们认为屋内太阴暗，十分羡慕那些能看到外面灿烂阳光的孩子。兄弟俩就商量说："我们可以一起去把外面的阳光扫一点进来。"于是，兄弟俩拿着扫帚和簸箕，到阳台上去扫阳光。等到他们把簸箕拿到房间里的时候，里面的阳光就没有了。这样接连扫了许多次，屋内还是一点阳光都没有。

正在厨房忙碌的妈妈看见他们奇怪的举动，问道："你们在干什么呢?"

他们回答说："房间太暗了，我们想扫点阳光进来。"

妈妈笑道："只要把窗户打开，阳光自然会照进来，何必去扫呢?"

只要把心门打开，员工就会走进你心里。

开心，顾名思义就是把心中的门打开。人的心门打开了，做一个开放的人，很容易开心快乐起来。同样，人在开心的时候，也容易把心门打开，释放自己，讲出心里话。

管理中能否打通自下而上的交流渠道，关键在于管理者们。优秀的管理者能够认识到双向沟通的重要性，他会首先打开自己的"心门"，然后摸索适合自己公司的双向沟通途径，找到保持沟通顺畅的有效方式。

美国惠普公司前总裁帕卡德是一位深谙管理大智慧的领导人。他认为：管理不仅仅是一种权威，而且更重要的是一种沟通，一种让被管理者真心接受管理的"理"。为此，他创造一种独特的"周游式管理办法"，鼓励部门负责人深入基层，直接接触广大职工；建议停止建造封闭的单间办公室，取而代之的是用齐肩的隔栏将一间巨大的房间隔成迷宫一般，从而体现公司上至总裁，下至初出茅庐的办事员，全体人员一律平等的精神，彼此间可以随意沟通。这种美国少见的"敞开式大房间"，因有利于上下左右通气、创造无拘束和合作的气氛，为惠普事业的发展做出了不小的贡献。

不要在工作中人为地设置屏障分隔，敞开办公室的门，制造平等的气氛，同时也敞开了彼此合作与心灵沟通的门。

## 三、九型人格：了解性格再沟通

团队主管要和下属良好沟通，就要了解"九型人格"。九型人格（Enneagram），又叫性格型态学。九种性格是婴儿时期人身上的九种气质，包括活跃程度、规律性、主动性、适应性、感兴趣的范围、反应的强度、心理的素质、分心程度、专注力范围或持久性。它是千百年采用口述的方式作为个人成长的指导原则而被传授下来的，是一种神奇的远古智能。1993年，斯坦福大学商学院开办了"人格、自我认知与领导"的课程，进一步挖掘九型人格，该门课程已经成为备受美国斯坦福等国际著名大学MBA学员推崇的课程之一，近十几年来已风行欧美学术界及工商界。

"九型人格"的英文单词Enneagram，来自希腊词汇：ennea和grammos。Ennea是数字9的意思，Grammos则是尖角的意思，两个词组合在一起，enneagram就是9个尖角的意思，而"九型人格"的图表正好是一颗九角星。在九星图中，3、6、9构成一个等边三角形，透示三位一体的理念。其他的6个点两两相连，构成一个不规则的六角形，这就形成了一个完整的九角星图。心理学大师根据早期对性格类型的分析，将9种不同的性格类型分别代入九星图中的不同数字位置，就形成了一个九型人格图。如图18-1所示。

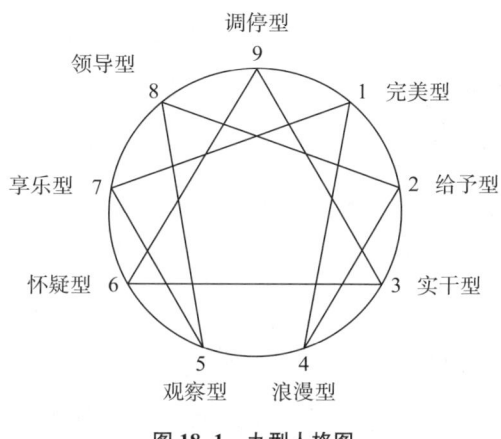

图 18-1　九型人格图

九型人格将人分成了完美型、给予型、实干型、浪漫型、观察型、怀疑型、享乐型、领导型和调停型九种基本人格类型，每个人都必然属于其中一型，且稳定不会更改。

对于主管来说，九型人格是了解员工的一把金钥匙，是与下属沟通和交流的利器。九型人格告诉我们，不同的人，性格不同，做事的习惯也不同。针对不同的人，主管要采取不同的应对方式。

### 1. 完美型

这种人格的下属表现为：内心总会存在很高的期望值，努力让自己以及他人的行为都能符合他所期望的标准。能轻松分辨出什么是错的，什么是不恰当的，并能立刻找到改进方法。他的要求可能有时候太过分，表现有时太吹毛求疵，但就是无法容忍错误的产生，希望尽善尽美，力求每一个细节都是正确的。勇于承担责任带给他很大的满足感，执著追求完美是他真正的享受。

同1号完美型下属的沟通技巧：用词要精准，说话要守信。同时，自己作风正派，才能赢得他们的尊重，使他们听从自己的领导。他们经常自我压抑与自责，动辄批判他人，主管要及时为他们排忧解难，引导他们提出富有建设性的意见，并尽量不要埋怨他们。

### 2. 给予型

这种人格的下属表现为：最大的能力在于心里就像有一个隐形的感应天线，总是能够感觉到他人的需要，有时甚至在他们自身都还没有察觉到的时候，就能读懂他们的内心，了解他们的感受。喜欢主动帮助他人，喜欢成为一个热心、友好、慷慨的人，因此为了与他人维持良好的关系，总在不断努力。有时自己的给予会被人误解，或者自己也需要帮助时，还是忍不住地想要帮助他人。

同2号给予型下属的沟通技巧：鼓励他们说出内心的真正需求，但同时也不要让他们太走极端，对他们不要轻易批评，因为他们会将其当成人身攻击。另外，与他们进行适当的肢体接触，能迅速拉近彼此之间的距离，获得他们的好感，从而使他们轻易打开心扉。

### 3. 实干型

这种人格的下属表现为：取得成功，能够出类拔萃是他人生追求的最大动力。一般来说，为了实现自己的目标，会全力以赴，做到最好。坚信一个人的价值很大程度上取决于自身的成就。因为繁忙，总是把大量时间放在完成任务上，所以很少顾及自己的感受或者进行自我反省。热爱竞争，但同时也是一个很好的团队合作者。

同3号实干型下属的沟通技巧：不要轻易让他们占了上风，而分配利益的时候，则要让他们感觉自己占了上风。他们在卖力工作的时候，经常忽视细节，主管要提醒他们多做分析和策划，做好充分的准备才能无往而不利。

### 4. 浪漫型

这种人格的下属表现为：真挚的人际关系对他来说具有很大的价值和意义。他喜欢用最美、最浪漫的方式表达感情，会被不同形式的艺术所吸引。他的感觉独特、复杂，经常觉得别人不能真正地理解他，对此他要么非常愤怒，要么无比悲伤。他最高兴的事是自己表现与众不同或被他人从内心接受。他同样也愿意体验生活中悲伤的一面。事实上，忧郁的感觉对他来说也具有不可抗拒的魅力。

同 4 号浪漫型下属的沟通技巧：要及时了解和关心他们，对他们贴身支持，聆听他们的感受。要让容易受到周围人情绪影响的他们明白，主管不会攻击他们，而只是就事论事，帮助他们分清人和事。

### 5. 观察型

这种人格的下属表现为：善于分析、思考，喜欢独处以积蓄能量。不喜欢参与是非纠纷，总用旁观者的眼光看待这个社会。不喜欢被人寄予过多的期望，因为那份责任让他不堪重负。他需要一个独立的思考空间，思考过去，放松自我。喜欢简单的生活，尽量自给自足。

同 5 号观察型下属的沟通技巧：主动跟他们沟通，但又要避免跟他们有一切的身体接触，不要侵犯他们的空间和时间，不要对他们的思想或感受做任何的假设。这种下属的反应通常较缓慢，因此，主管要留给他们一定的思考时间。

### 6. 怀疑型

这种人格的下属表现为：思维敏锐、深刻，在感受到威胁时大脑会高速运转以解决问题。对事物充满好奇，善于觉察对方的动机。经常观察外部环境，觉得危险随时会来临。信任别人对他来说是最大的问题，因为他总是怀疑对方的动机，因此他的行动看上去可能有些迟缓。他怀疑权威，但对自己所属的团队却无比忠诚。面对威胁，要么躲避，要么迎头痛击。两方竞争，他更乐于支持处于劣势的一方。

同 6 号怀疑型下属的沟通技巧：要给他们大量清晰的指引，告诉他们工作的技巧，充分获得他们的信任。经常肯定他们，才能发挥他们极强的分析问题的能力。提醒他们一步一个脚印，不要急躁，同时注意多与他们交谈。在工作的过程中，给他们足够的时间让他们去适应。

### 7. 享乐型

这种人格的下属表现为：生性乐观，喜欢一切新鲜的、有趣的事物。思维活跃，想法经常变来变去。当然他也会全盘考虑所有想法，如果能把最初完全不相关的点子联系在一起，他会非常高兴。讨厌没有回报或者简单重复的工作，当然，如果工作能让他感兴趣，也会全身心付出。当有什么事情让他苦恼时，就会立刻转移注意力，转而去想那些能够让自己快乐的事情。他害怕被束缚，喜欢自由。

同7号享乐型下属的沟通技巧：尽量不要批评他们，跟他们交流时也最好能直接切入正题。但是，他们经常信口开河，过头的话难以兑现，这是主管要时刻注意的。他们不肯认输，要帮助他们在错误中成长。

### 8. 领导型

这种人格的下属表现为：成为一个坚强、正直、可靠的人对他来说非常重要，他做事向来直来直去，从不拐弯抹角。喜欢和有实力并且性格直率的人相处，如果有人在他面前撒谎或者耍手段，一眼就能看得出来。如果发生不公平的事，乐于充当那些无辜之人的保护伞。从不迷信权威，当面对不同见解或者无人处理的事情时，会毫不犹豫地挺身介入。重视友谊和家庭，时刻准备保护两者的利益。

同8号领导型下属的沟通技巧：立场坚定，最好能跟他们有一定的眼神交流，但是，千万不要同他们进行争辩，因为他们会认为你轻视他们手中所掌握的资源。他们往往不希望被称赞，同时也不称赞别人，这会使得他们过于强势而和周围的人无法融洽相处。这时，主管要从中进行一定的协调。

### 9. 调停型

这种人格的下属表现为：个性随和、可爱，追求舒适、和谐的生活。乐于倾听，并愿意接纳他人不同的观点，喜欢帮助别人解决分歧。虽然具有吸取不同优点的能力，但这点让他有时很难作出自己的判断，显得有些优柔寡断。讨厌分歧，轻易不发火。兴趣广泛，喜欢接触不同的领域，但有时也会分不清轻重缓急，忘记了自己应该完成的重要事情。

同9号调停型下属的沟通技巧：要得到他们清晰无误的承诺，分配工作时，要给他们一个清晰的架构，同时给予大量的支持和认可。对他们，不能用命令，要尽量用提示的方式。他们因为思维活跃，往往话比较多，所以主管要设法帮助他们把话说得简洁一些。

中层管理者通过九型人格，可迅速了解下属能力的优势和劣势，摸清对方心理。每一个人的生活背景、所处的环境都有所不同，内心的秘密和动机只有他们自己心里最清楚，所以，不要理所当然地给对方贴上标签。只有多挖掘他们的内心想法，才能辨认出他的性格号码，从而摸清他的动机。

## 四、团队沟通五原则

一个团队不能有效沟通，就不能实现良好协作。而事实上，要达到有效的沟通确非易事。要想团队沟通产生效果，就必须遵循以下几个原则：

### 1. 合作原则

即参与沟通的双方必须展开合作，并遵守信息适度、话语真实、内容恰当、方式简明的规则，以保证沟通的简明有效，取得预期的沟通效果。

### 2. 针对原则

即针对不同的沟通对象，要灵活变通，随机应变，采取不同的沟通方式。

### 3. 及时原则

在沟通的过程中，不论沟通的对象是谁，都必须注意及时原则。在工作上，上级领导机关在制定大政方针、工作计划时，要及时把有关情况通报、传达给下级，而下级在执行大政方针、落实工作计划的过程中，也要及时把最新情况反馈给上级机关，这样，才能保证决策的正确性、有效性。

### 4. 通俗原则

"话须通俗方传远"，通俗是准确有效传递信息的重要手段。通俗原则要求在与他人进行沟通时，能把深奥的道理浅显化，复杂的内容简明化，抽象的问题具体化。这样才能在最大程度上避免因为语言问题而给事业带来的沟通上的障碍。

### 5. 礼貌原则

任何人都不愿意与不懂礼仪的人打交道，态度和蔼可亲才能让别人与你推心置腹，无话不说。

只有沟通才会带来理解，带来合作，带来制度的有效落实和团队的迅速发展。如果不能很好地沟通，就无法理解对方的意图；而不理解对方的意图，就不可能进行有效的合作，更无法落实制度，无法确保团队的发展。

## 五、和下属沟通的艺术

真正有效的沟通，并非一日之功。以下技巧有助于提高沟通能力，解决沟通中碰到的难题，使每次沟通都富有成效。

### 1. 妥善处理期望值

要想消除双方期望值之间的差异，一种途径是订立业绩协议。员工与企业签订的业绩协议可使双方明确彼此的期望和要求，帮助设计双方都能达到的目标，并且定期评估协议以确保双方的目标和要求都能得到实现。

另一种方式是清楚说明你的期望。这样，能否达到你的期望，对方有责任向你说明。这种做法可以使你根据需要对自己的期望做些有效调整，预先消除可能出现的伤害和失望感。

### 2. 培养有效聆听的习惯

人们之间的沟通充满变数（如自己和别人的谈话及聆听风格等），因而既复杂又具挑战性。设身处地是成功沟通的一个关键因素。

聆听，但不要受到别人情感的感染。别人有难处时，应设身处地理解别人，但不能为这种情感所左右。必须为自己留点精力去做自己的事。记住，不要做一块海绵，什么都予以吸收。

### 3. 坚持诚实

有时，实话实说的确伤人。但诚实最终能增加建立稳固长久关系的机会。因此，诚实非常重要。如果有什么事烦扰你，尽量直接说出来，以免小事化大更难处理。

### 4. 有创意地正面交锋

所有其他方式都行不通时，唯有正面交锋。这也是摆平各方、理顺头绪的一个机会。如果不愿正面对垒，不要因为害怕而逃避，要理直气壮。当然有的时候，借故避开不失为最明智之举。

### 5. 对失误不必耿耿于怀

沟通中出现失误，令你失望或受到伤害，不要记挂在心上。不妨自问一下，想不想背上这包袱？自己能从中得到什么？一旦尽心尽力地澄清了沟通中出现的失误，就要为自己付出的努力骄傲，该过去的让它过去。一番心血没有白费，心中巨石落地，该高兴才是！

 **参考书目**

1. ［美］马歇尔·卢森堡. 阮胤华，译. 非暴力沟通［M］. 北京：华夏出版社，2018.
2. ［美］罗纳德·B. 阿德勒，拉塞尔·F. 普罗科特. 黄素菲等，译. 沟通的艺术：看入人里，看出人外［M］.15 版. 北京：北京联合出版公司，2017.
3. 宋晓阳. 完美沟通：如何练就直击人心的精准表达力［M］. 北京：中国友谊出版公司，2020.
4. ［日］桦旦纯. 张岳，译. 高情商沟通术：99% 的说服在你开口前就已完成［M］. 北京：团结出版社，2016.
5. 宇君. 领导三件事全集［M］. 北京：海潮出版社，2010.
6. ［美］基思·法拉奇，塔尔·雷兹. 前十网，译. 别独自用餐：85% 的成功来自高效的社交能力［M］. 北京：文汇出版社，2017.

# 第十九章

# 赞美表扬术：好员工是夸出来的

美国成功学大师戴尔·卡耐基在他的《人性的弱点》一书中讲述过史瓦伯的故事：

钢铁大王安德鲁·卡内基为什么付给史瓦伯 100 万美元年薪？是因为史瓦伯是天才吗？不是。因为对钢铁制造他比别人知道得多吗？更不是。史瓦伯就曾经说过，在他管理的团队中，许多人对钢铁制造知道得都比他多。

史瓦伯说他得到此薪金，大部分得益于他的赞美表扬术。他说："我认为我具有激发人们才能的能力，这是我拥有的最大资源，而充分激发一个人的才能的方法就是用赞赏和鼓励。"

"世界上最容易抹杀一个人的就是管理者的批评，所以我从来不批评任何下属。我相信给人以工作的激励，就会启发他的无限创造力。所以我急于称赞，迟于找错。如果我喜欢什么的话，就是我'诚于嘉奖，宽于称道'。"史瓦伯就是这么做的。

赞美别人时如不能掌握一定的技巧，即使你是真诚的，也会变好事为坏事。就像你本来用很昂贵的原料煲了一锅汤，但是如果火候掌握得不好，那么再好的原材料也不会煲出味道鲜美的汤。只有火候掌握得好，赞美才会散发出最浓郁的香味。

当你收到领导的邮件，他说很欣赏你在上次会议上的贡献，你会有怎样的感受？当你赞美下属的 PPT 演示时，他们是怎样回应的？当你表示对合作伙伴优秀服务的赞美时，他是如何反应的？当其他人赞美你做过的出色的工作时，你是什么反应？相信大多数人都感觉良好。赞美在工作中十分重要。当其他人让我们感觉良好时，我们会在自己正在做的事情上表现得更好。

# 一、常用的赞美方式

古希腊神话中记载过这样一个故事：

皮格马利翁是塞普鲁斯的国王，同时也是一个极其优秀的雕刻家，他曾用象牙雕刻了一座美女像。他每天看着这座理想中的美女化身的雕像，竟然爱上了自己的作品，爱得很深，很投入。痴情的国王祈求神赋予雕像生命，神被感动了，让美女雕像活了，于是国王便娶她为妻。这个故事说明，人们基于对某种情境的知觉而形成的期望或预言，会使该情境产生适应这一期望或预言的效应。后来美国心理学家罗森塔尔和雅格布森在小学教学上通过实验进一步验证了这一道理。

"皮格马利翁效应"应用到团队管理上就是："说你行，你就行，不行也行；说你不行，你就不行，行也不行。"

赞美、表扬具有一种正向的能量，它能改变人的行为。一个人如果本身能力不是很行，但是经过赞美后，他的才能得以最大限度地发挥，也就变成了行。

欧美知名的企业顾问、演讲家和企业培训师路易斯·卡夫曼在他的著作《不懂带人，你就自己干到死》一书中，将赞美分为两种：一般性的赞美和功能性的赞美。这两种赞美方式在不同的情境下分别应用更有效果。

## 1. 一般性赞美

好的管理者对下属的才能有着敏锐的观察。管理者经过训练的双眼和耳朵可以在任何地方发现下属的优点，比如：问题的例外情况、在其他条件下的解决方案、下属的性格特点、工作的细微处。大量应用这些一般性的赞美，能使团队成员合作得更好。通过经常使用这一类赞美，会创造一个非常好的工作氛围。

### 2. 功能性赞美

所谓功能性赞美，主要用于加强管理者认为下属做得好的事情，希望他再接再厉。这种赞美方式很简单：当下属做了对自己、对团队有利的事情时，就赞美下属做的这件事。"谢谢你昨天熬夜帮助那位项目出了状况的同事。没有你系统的专业知识，他肯定无法赶在今天开工前把那个生产计划做出来。谢谢你的专业知识和团队精神。"管理者的赞美可以是关于任何有用的事情的——好的备忘录、清晰的信息、对一个案例的敏锐的分析、准时完成工作、坚定的信念等等。

## 二、好员工是夸出来的

管理者能让员工达到巅峰状态的重点是"赞美"。管理者懂不懂专业技术这不是重点，懂得如何凝聚适合的人才、如何改善缺点、如何发挥优点、如何激励别人达到巅峰状态，这才是领导的重点。利用赞美激励员工的士气，往往会起到事半功倍的效果。

在玫琳凯化妆品公司中，赞美是最重要的，公司整个的行销计划都以它为基础。在各种场合中，公司总是不吝惜地给予赞美。比如：

例会上的赞美：玫琳凯公司每个地区的分公司在每周的例会上都会有这周销售最佳人员的成功经验的讲述和分享，这是一种别样的赞美。主持人在介绍最佳销售员时，每一个美容顾问都会毫不吝啬自己的掌声。

缎带的赞美：在玫琳凯公司，每位美容师在第一次卖出 100 美元产品时，就会获得一条缎带。卖出 200 美元时再得一条，以此类推。这种仅需要 0.4 美元的礼物奖赏远比用 100 美元的礼物盒有效。

胸针的赞美：玫琳凯公司每一位美容师都会以佩戴形式各异的胸针为荣。这些胸针在美国达拉斯设计制造，然后用飞机运到世界各地，用以奖励在销售产品时有优异销售业绩的美容师。每个胸针都有不同的含义，比如，其代表最高奖赏的镶钻石大黄蜂胸针：大黄蜂身体很笨重，要飞起来相当不容易，它象征玫琳凯的女性在身负家庭的各种负担的情况下，还能获得如此优异的成绩，是非常不容易的。在每一个不同的阶段，当你有了一些进步和改善的时候，玫琳凯都会奖给你各种不同意义的胸针。胸针是女性非常喜欢的装饰品，尤其是象征荣誉的胸针。

粉红色凯迪拉克的赞美：玫琳凯的区级指导员是蓝色的套装，再高一个层级是粉红色的套装，当你做到可以穿黑色套装的时候，玫琳凯公司就会同时奖励你一部粉红色的凯迪拉克轿车。世界上粉红色的凯迪拉克轿车的主人全部是玫琳凯的督导，开车走在外边，玫琳凯人都知道这代表玫琳凯的一位资深而优秀的美容师，这样不仅在公众场合赞美了玫琳凯的优秀美容师，同时也为玫琳凯公司做了宣传，粉红色的凯迪拉克轿车成为玫琳凯公司"到处跑的广告"。

赞美的力量是不容忽视的，有时甚至比金钱更重要。把赞美运用到管理中，往往起到意想不到的激励效果。作为团队主管，首先应该明白自己员工的心理，其次学会赞美下属。

## 三、领导会赞美，平庸变骨干

每一个人在内心深处都渴望别人的赞美与夸奖。每一个人在数千人的注视下，走到领奖台上领取奖章、鲜花或是证书都会有一种很奇妙的感觉。每一个人发现自己的名字出现在本公司刊物里的奖励名单里，都会感觉良好。"原来我也可以很有名的"，这种被大众所承认的感觉远比奖金更加激动人心。

赞美在建立一个人的自信上有着神奇的功效。许多名校大学生比起高中生来，明显地更有自信，更开朗，做事能力更强。有人由此做过调查，结果发现很重要的一条原因就是大学生在学校里受到的正面的、积极的鼓励要远比在高中时多得多；相对而言，大学老师更知道赞美的重要性，更多的是把学生当作一个成人看待。

管理者的赞美对于员工有着莫大的激励力量。赞美员工会激发他的自信，员工会更加努力，更有勇气去尝试。如此积累，员工将来能取得很大的成功也不稀奇。

赞美员工并不仅仅只是口号或者是印在纸上的一句话，它表现在公司活动的方方面面，渗透在高层主管的一言一行里。

比如，每个公司都会遇到工作场所里桌椅的摆放、电脑屏幕是对着门还是应该背着门等。让员工来挑，肯定是愿意背着门，因为说不准什么时候聊天被发现，发一封私人 E-mail 也会感觉不安全；让主管来挑，自然是希望电脑屏幕对着门，防止员工在工作时间干自己事情。那么究竟怎么摆放呢？是主管说了算，还是跟员工商量着办？这一点小事就会反映出主管的管理风格。主管可能会觉得，这是芝麻绿豆大的小事，应当由我做主。但员工们不会这样想，一点点小事就有可能让他们感到自己不受尊重，自己用的桌子、自己的办公场所，当然应该自己做主。他们会把这件事上升到对主管评价的高度，会上升到管理者是否尊重员工的高度。

作为管理人员应当懂得，每一个员工都需要赞美来保持自信。如果你愿意，你总是可以找出无数的机会来夸奖你的部下，发自内心地称赞他们。你的每一次赞美对员工都是莫大的鼓励，都会促进员工改变自我，最终让员工从平凡走向优秀。

## 四、及时表扬下属的小进步

刚加入一个陌生的小团队，下属往往会感到艰难和孤独，在失意之时听不到一句鼓励的话语，成功时也没人向他们祝贺。这时，如果得到的即使是只言片语的表扬，那也是令人兴奋不已的，从而使其更加坚定信心，努力把事情做好。

有些人以为，只有大的成功才有意义去表扬，小成绩无足轻重。其实这种理解是片面的，并没有考虑人的内心欲求，特别是在最初工作时的孤独与艰难。

如果在做出一点小成绩时就能得到领导的表扬，那么他的信心一下就树立起来了。在这方面有个叫卡雷的人做得不错。

担任企业资源开发公司总经理的麦克斯·卡雷，在创立以亚特兰大为中心的销售和市场服务公司时就曾经历过步履维艰的困窘。当时，他的手下只有一个临时雇员。按他的话说："大的成功离我们太遥远。我们几乎感受不到任何激励。"他想出了一个办法：每次获得一个小成功都要自己庆贺一番。

卡雷出去买了一个警报器，还配了扩音器，这样就能发出救护车的声音。如果他在电话中宣传自己的产品时能绕过培训部主管，直接与那家公司的总经理通话，就要鸣笛庆贺一次；如果收到一大笔订单，警笛也会鸣响。如今，他的公司已拥有 5 000 多万美元的资产和 8 名雇员。每个星期，警笛声要在公司内回荡 8 次。每当有好消息时，大家都要出来听他们的同事对刚刚取得的成功分享一番，这也为大家提供了互相交流的机会。卡雷说："我们的雇员经验还不够丰富，无法取得巨大的成功，这种庆贺也是一种很大的鼓励。"正是用这些小进步来临时地表扬鼓励，使卡雷的公司取得了惊人的成绩。

请记住：要表扬员工的每一个进步，不管这进步有多么微小。

## 五、这样赞美就对了

会说话的管理者总能抓住机会赞美他的上司、下属、客户、供应商。常见的用词有："好！""哇！""太好了！""你真棒！""做得好！""好极了！""了不起！""帅呆了！"

左宗棠身体肥胖，大腹便便。他曾经在茶余饭后捧着自己的肚子说："将军不负腹，腹亦不负将军。"一天，他捧着自己的肚子问手下人："你们知道我这腹中装的是什么东西吗？"有的说是满腹文章，有的说是满腹经纶，有的说腹中有十万甲兵，有的干脆说腹中包罗万象。左宗棠听了后连说："否，否！"忽然有位小校出来大声说："将军之腹，装满了马绊筋。"左宗棠听了拍案大加赞赏说："是，是！"小校因此而受到提拔。

湖南人喊牛吃的草为"马绊筋"。小校的回答正是抓住了左宗棠的心境，与他的夙志相符，所以受到左宗棠的欣赏。

赞美，掌握尺度是最关键的。在你准备开口赞美的时候，这样做就对了：

### 1. 真心诚意地赞美

每个人都珍视真心诚意，它是人际交往中最重要的原则。英国专门研究社会关系的卡斯利博士曾说过：大多数人选择朋友都是以对方是否真诚而决定的。

### 2. 讲究场合，合乎时宜

赞美的效果在于相机行事、适可而止。当别人计划做一件有意义的事时，开头的赞扬能激励他下决心做出成绩，中间的赞扬有益于对方再接再厉，结尾的赞扬则可以肯定成绩，指出进一步的努力方向，而达到"赞扬一个，激励一批"的效果。

### 3. 赞美行为或贡献

当你赞美一个人的行为或贡献时，你的赞许更显得真诚，而且，如果别人知道他的确值得被赞美，会获得最好的效果。赞美行为比赞美本人更可以避免功利主义或偏见。

### 4. 赞美要基于事实

如果赞美不恰当，虽然别人当时接受了，却不会产生任何效果，因为这不会希望加强的行为，而且，不恰当的赞美还会产生反效果。比如，在办公室里赞美男员工锃亮的靴子或者女员工多彩的指甲油绝对是不恰当的。你给出的赞美一定要基于事实，不要赞美别人还没做的事，对下属说"你能每天来上班真是太棒了"，这句话不是赞美，但是，对下属说"你很守时"便是一种赞美。

### 5. 赞美的措辞要恰当

当你准备赞美时，首先要想一下，这种赞美，对方听了是否相信，第三人听了是否不以为然。一位老师赞美学生们："你们都是好孩子，活泼、可爱、学习认真，做你们的老师，我很高兴。"这话很有分寸，使学生们既努力学习，又不会骄傲。但如果这位老师说："你们都很聪明，将来会大有出息，比其他班的同学强多了。"效果就大不一样了。

### 6. 借第三人之口赞美

面对面或直接地赞美对方，总有点恭维奉承之嫌。若换个角度，换种说法，也许就好多了。以"第三人"的口吻来赞美对方，说："难怪 ×× 一直说你很不错，今日一见……"可想而知，对方一定很高兴。因此，当面赞扬一个人，有时会令人感到虚假，怀疑你是否出于真心，而借用第三人的口吻来赞美，会使对方感到你对他的赞扬是真诚的。

 **参考书目**

1. 黄志伟 . 华为管理法：任正非的企业管理心得［M］. 江苏：古吴轩出版社，2017.

2. 陈春花 . 管理的常识［M］. 北京：机械工业出版社，2016.

3. ［美］约翰・C. 马克斯维尔 . 路本福，译 . 领导力 21 法则：追随这些法则，人们就会追随你［M］. 北京：文汇出版社，2017.

4. 赵伟 . 给你一个团队，你能怎么管？［M］. 江苏：江苏文艺出版社，2013.

5. ［日］吉田幸弘 . 程亮，译 . 不懂说话，你怎么带团队［M］. 北京：北京联合出版公司，2016.

6. ［比利时］路易斯・卡夫曼 . 若水，译 . 不懂带人，你就自己干到死［M］. 北京：中国友谊出版公司，2018.

# 第二十章

# 拒绝干扰术：别不好意思说"不"

史蒂芬·柯维在他著名的作品《高效能人士的七个习惯》中讲过一个故事：某购物中心的管理人员一致认为，与承租中心的各家商店老板建立良好关系可以极大地推动业务发展。但同时，他们却只花了 5% 的时间在维护这些关系上面。因为开会、写报告、打电话等各类事务已经分散了他们 90% 的精力，令他们疲惫不堪。后来这个购物中心的主管在理清当务之急以后，转变管理策略，把至少 1/3 的时间用在改进、维护与各商户关系上。一年半左右，业绩果然提高了好几倍。

柯维提醒团队管理者，在工作中要做任务清理，减少干扰，有舍才有得。

## 一、拒绝不速之客的造访

每个人都生活在一个复杂的群体中，工作也不再是一个人的事情，总会与其他人合作或共处，所以难免会受到他人的干扰，这是无法避免的。但是每个人都希望在工作中不要受到他人的打扰，在自己沉浸于工作之中的时候，不要有不速之客来造访。

古希腊数学家毕达格拉斯曾经说过："'是'和'不'这两个最简单、最熟悉的字，是最需要慎重考虑的字。"

管理者要想在工作中不受他人的打扰，除了分配好各种时间之外，还要善于巧妙地拒绝这些不速之客。

那么，在什么情况下应该拒绝呢？拒绝的指导原则是什么呢？答案是：要确立目标，划定自己的职责、能力范围，制定一个标准，看看这项工作是不是值得花时间、精力去做。如果某项工作并不在自己职责范围内，不值得在它身上耗费时间和精力，那就要坚决地拒绝，绝不犹豫。

如果每个人都希望得到你的注意，但注意别人又会占用你的时间。当你正在集中精力忙手头上的工作时，别人却要求你做其他事情，你往往很难做出决定。有时候你不如直接答应别人，那样可能更省事，你至少不用花费时间去解释你为什么要拒绝。

但是，要知道你不可能满足所有人的所有要求，你根本没有足够的时间。所以当有人向你提出请求的时候，你必须学会根据对方在你心目当中的重要性以及你不做这件事情所产生的后果来安排次序。如果提出要求的那个人在你心目当中并不重要，那你完全可以拒绝对方。如果对方要求你做的事情并不重要，那你也应该立刻表示拒绝。

## 二、避免不必要的干扰

做事情要分清轻重缓急，才能够集中精力把事情做好，这就必须避免一些不必要的干扰。当然，在办公室全避免干扰，任何管理者都无法做到。但是不管怎样，管理者仍然要尽可能地减少干扰。

### 1. 营造一个良好的工作环境

很多人工作时精力无法集中，就觉得要消除精神疲劳，改变心情，常常会在办公桌周围摆上各种不相干的东西。其实这些东西，无论是全家福照片、纪念品还是钟表、温度计，它们既占据你的空间，也分散你的注意力。它们对你形成的干扰是无形的，是很难察觉的。遇到这种情况，办法只有一个，那就是除了办公所必需的用品外，把其他不相干的东西摆放在视线之外。

### 2. 将种种琐事进行归纳整理

有些信件、邮件，可以归总起来一次写完；尽量安排好时间，尽可能集中依次会见来访者；必须阅读的资料，就可以集中到一起进行阅读。

　　3. 委婉拒绝别人的托付

　　在工作中，经常会遇到别人托付自己办一些事。但是如果碍于情面不好拒绝，那么就有可能会把自己的工作给耽误了。不过也不是说对于别人的任何托付都要一概拒绝，而是指在必要时，应该巧妙地拒绝别人，这样就不会被那些外在干扰打乱自己的工作计划，自己的工作也就能够顺利地进行下去。

# 三、处理来自上司的干扰

　　对来自上司的干扰，相对来说是不好处理的，因为我们不可能直接对上司说"你不要这样做"或者"对不起，我没有空理你"等之类的话。在你必须拒绝上司的额外工作时，只能委婉地表达出来，甚至还要担心上司会误解你不愿意做事。

　　一般来讲，来自上司的干扰往往是由于上司不能很好地体谅下级，或者其本人是一个令人讨厌的人（他喜欢使唤下级）。

　　有这样一些上司，有一种非常令下级感到尴尬的习惯。

　　一旦有客人来访，他就让下级和自己一起接待，即使在他与客人谈话时，他也要让下级坐在一旁，好像这样能体现出自己的尊贵似的。但是下级并不是他的花瓶，下级还有一堆工作等着去做。

　　为了排除上司的干扰，不浪费时间，可以试试下面这些秘诀：

　　方法一：和上司商量，与上司一起制定你的工作日程表。这样，上司就清楚了解你的工作安排了，就不会再干扰你，打乱你的工作日程。

　　方法二：定期与上司接触，报告工作，询问他有无工作需要你去做。然后，你再把这些工作安排到你的日程表中去，这样就避免了上司要求你做一些你的日程表中没有的工作。

　　方法三：当你要完成重要的工作，而周围确实是太不清静，干扰太多时，你就明智地在办公室以外的地方找一个工作场所。即使上司要吩咐你做别的什么工作，或许因为碰不到你，就会吩咐别人去做。

方法四：使你的日程表和上司的日程表尽量同步，协调起来。按照工作种类，使你的预定日程与上级的协调起来，就能够减少上级对你的额外干扰。

## 四、处理来自下属的干扰

作为主管，当然也存在被下属干扰的可能。上司与下属的关系紧密，为完成某一工作，就要有上司的授权和工作指导，也要有下属的实干。只有上下级之间配合默契，才能使工作顺利地完成。否则，相互不能理解对方的观点和想法，就会走很多的弯路。

对于下属来说，不理解上司的意图，就要为一件事情反复地向上司请示汇报，因而会给上司造成干扰。

作为上司，如果能够做到以下几点，就能较好地减少来自下属的干扰。

方法一：对下属不仅仅采取直接面谈的方式，你可以鼓励他们使用备忘录。在备忘录中，简洁地写上下级所想提的问题或者方案。这种备忘录让人看完会立刻明白问题的核心，比起冗长的谈话要省时得多。

方法二：每天抽出一点时间，在一定的时间内解答下级的问题，以免他们随时向你请示汇报，打扰你的正常工作。

方法三：不要在公司内来回溜达，到处闲逛。这样就会很容易使下属来向你请示，干扰你的正常工作。

方法四：对于下属的请示，要及时给予答复，态度明确、观点鲜明，以免下属不能领悟你的意图，而反复地向你请示。

方法五：给下属充分的权力和相应的责任。让下属去做某项工作，就给予他充分的权力。如果你还是把权力抓在自己手上，那么就只能让下级打扰你，向你请示工作中的每一个小细节。

## 五、处理来访者的干扰

突如其来的来访者，也是打扰管理者正常工作的一个主要干扰源。凡是想来拜访你的人，不管是谁，他都是认为有一定的理由的，是非找你面谈不可的，甚至会不经过预约，就前来找你。

但是，对于你来说，这是很不公平的一件事，因为你的时间不会因为来访者有事而变长。因此，在处理来访者的干扰时，总是会造成一方的不满，要么是你不满，你被迫腾出时间来听他说完要说的事情；要么是来访者不满，你请他自行退回。不管是哪一种结果，都不要做得过分，以免伤害感情。即使在你拒绝对方的来访时，也要不失礼貌。对于已经预约的来访者，也同样要注意会谈的时间，尽量不要超过限定的时间。在与对方交谈时，你要引导双方的谈话，不要让对方把话题扯得很远。当对方将话题扯到一些没有意义的话题上去时，你可以提一些问题把它拉回原来的方向。如果对方的谈话没有条理、不合逻辑，则你也没有必要让对方硬要接受你的想法，而是想办法引导其思维，使其意识到自己的谈话不合逻辑，从而达到较好的谈话效果。

当你感到你们的谈话已经没有必要持续，或者谈话时间已经快要结束了，而对方却还在磨磨蹭蹭地不想回去时，你可以采取一些带有暗示性的方法来结束你的会谈。

以下是向管理者提供的几种建设性方法，可以任意选用其中之一，来帮助你排除这些人的干扰。

方法一：在谈话之前，托付另外的人，让他到规定的时间进来，告诉他外面还有人等着。

方法二：说一些带有总结性或结论性的话，使对方感到谈话的效果已经达到了。

方法三：用闲话来代替正式话题，表示正式谈话内容已经结束。

方法四：在谈话一开始时，就告诉对方你们的谈话时限，或者在谈话接近尾声时，告诉对方你们谈话的时间有限，只能到此为止，下次再谈。

方法五：在谈话时，用装有闹铃的手表定时，预定的时间一到，你的闹铃就响了，使对方注意到你们的会面时间结束了，他也就不好意思再继续聊下去。

**参考书目**

1. 李金水 . 世界 500 强工作法［M］. 江西：江西人民出版社，2017.

2. 万达集团企业文化中心 . 万达工作法［M］. 北京：中信出版社，2015.

3. 龙小语 . 影响你一生的做事技巧［M］. 北京：海潮出版社，2008.

# 第二十一章

# 高效开会术：聪明人这样开会

大多数主管在生活中面对朋友能侃侃而谈，却在小团队会议上讲话紧张；私下谈论工作头头是道，开会时却讲得语无伦次，毫无条理；还有一些主管平时经常爆点小幽默，一到开会，如临大敌，默不作声。

开会讲话有点像演讲，但和真正的登台演讲又有很大差异，究竟怎样才能开好团队会议呢？

## 一、开会的准备技巧

会议是许多人损失时间的重要原因，只要把出席会议的时间集中起来计算一下，就可以清楚地看出，自己因出席会议而损失了多少时间。

据统计，一个主管的工作时间中有 20% ～ 80% 用于会议。一周内大多数公司领导者 6 次出席公司内的会议，要花去 9 小时，然而在一次问卷调查中，有 3/4 的人尖锐地指出："用于会议的时间有一半是浪费的。"

从节约时间的着眼点出发，提高会议的效率，就要对每次会议都要有原则性的分析，首先分析这个会议是不是真正需要的会议。决定在什么情况下开会，哪些人应该出席会议，如何提高会议的效率等问题。

### 1. 应该在什么情况下开会

应该在什么情况下开会呢？如存在下面列举的情况中的一条或几条时，便应该开会。

第一：必须实行新的方法，改变旧的方法时。

第二：产生会使目前正在从事的工作发生重大变化的问题时。

第三：必须要具备不同知识和经验的人进行讨论才能得出结论时。

第四：你认为参加会议的人们由于受到会议的影响将比较容易接受会议做出的决定时。

第五：为了处理问题，按正规的管理规则的步骤一步一步地做，时间上来不及时。

第六：会议上的讨论对于参加者来说有重要价值时。

**2. 应该让哪些人出席会议**

在考虑让谁出席会议时，应当要考虑清楚，为什么要让其出席会议？有无必要？如果没有必要，就可以让其去做更有意义的工作。

考虑让谁出席会议，可以依据以下标准：

第一：这个人对于会议将要讨论的问题具有专业知识吗？

第二：这个人与会议将要做出的决定有关吗？

第三：这个人以前有过这方面的经验吗？

第四：这个人将会执行会议的决定吗？

**3. 制定开会时的议程**

先看表 21-1 所示。

表 21-1　制定开会议程的要素

| 序号 | 会议主题 | 过程管控 |
|:---:|:---:|:---:|
| 1 | 要做什么 | 具体任务（行动方案） |
| 2 | 要怎么做 | 实施方法（工作步骤） |
| 3 | 为什么做 | 讨论过程（找出原因） |
| 4 | 谁来做 | 谁负责（谁参与） |
| 5 | 何时完成 | 最终完成时间（阶段完成时间） |
| 6 | 做到什么程度 | 工作目标（行动预期） |

这张表里罗列出了一场会议需要包含的几个重点内容。

为提高会议质量，避免造成时间的浪费，就要求组织会议者、主持会议者及参加会议者认真研究会议，驾驭好会议。

一场会议首先要制定出会议议程，因此正确合理的议程是开会成功的重要因素。至于如何准备及使用议程，应注意以下几个方面。

预先将议程公布出来。最好在开会前完成，好让团队成员有时间去准备相关的资料。

将需要讨论的事项分项列出。

如果在会议中要谈好多个主题，就应该先将议程表预先分送给出席人员，或在他们到达会场时分发给他们。使他们明白会议需要的进度。如果每位出席人员都知道会议的结束时间，而且了解还有一些题目没有讨论，大家便会自觉地缩短对一个题目的讨论时间，从而为后面的题目留下时间。

将讨论事项按其重要程度先后排列。讨论下一个问题之前，必须先将前项问题解决，绝不能议而不决。同时还要一面主持会议，一面检查议论事项，看看有没有结论。

以问题的形式列出所要讨论的项目。会前指定人来回答问题，会中所得到的答复就会非常得体，绝不会因答非所问而白白浪费时间。

成功的管理者主持会议时，一般都把比较简单、属于报告性质的题目安排在一开始，而把较花时间的题目或论点安排在最后。

对于那些较花时间，而且比较需要大家来讨论的题目，时间管理者一般会先把主题及附带问题做一番简要的说明，以免花许多时间来反反复复解说。

以分钟为单位，为每一项目安排足够的时间去进行讨论。为了避免讨论离题，应严格遵照时间表来进行。要记住这样一条规律：对所有问题绝不能一视同仁，否则时间的分配与问题的重要性，就会成为反比的关系。

将会议集中在一道开也是节省时间的一个有效办法。可将两到五个会（当然所花的时间都很短）紧密地安排在同一张时间表中，处理起来又迅速又有效率。若将所有的会都安排在一起开，就会有一整块的时间可用来做其他重要的工作。

比方说，你可以将四个必须要开的会依次安排在 10 点、10 点 40 分、11 点或 11 点 25 分来开。每场会一开始，先向大家说明，在哪些时间、哪些地点都安排了哪个会要开。为了让下场会议能准时召开，管理者可以要求本场会议提高效率。

另外，会议现场的投影装置，PPT 演示稿件、专业的数据或者数据分析软件以及显示讲话思路的思维导图，这些都要提前做好准备。它们都是很实用的小工具。

## 二、缩短会议时间的技巧

只要有三个人以上，有议程，便具备了开会的条件。可是，大家对为什么开会似乎没有仔细想过，反正只要是有事要讨论、研究，就必定要开会。而且，一开就是一个上午或者一个下午，这往往造成时间和金钱的耗费。因此，团队管理者很有必要掌握一些节时技巧。

从技巧上缩短会议的时间，可以从以下几方面来实现。

### 1. 下午快下班时召集会议

上午是黄金时段，需要做思考比较周密的工作。会议本来就是一种低效率的管理行为，所以，千万不要将高效率时段用来做低效率结果的事，那会造成极大的浪费。每周一的下午及周五的下午是管理的黑暗期，最不适合开会或做任何决定。最好也不要用来开会，避免"议而不决、决而不行"。

有一位团队主管发现下午快下班时召集会议，便可以在很短的时间内结束会议。他介绍说："一般人都想早点回家，所以这时在会上就不多讲废话。列席人员会主动把注意力集中在问题的症结上。结果，上午要 3 个小时才能开会解决的问题，拿到下班前来讨论，只需一个小时或不到一个小时就可以解决了。"

### 2. 采用分点而非整点开会

时间有递延效果，例如，早上9点开会开到12点，10点开也会开到12点，11点仍会到12点结束。因此，我们若能在9点45分开到11点，或在下午3点半开到4点半，那会前、会后就有更多时间进行准备和沟通。

### 3. 站着开会

有的管理学大师推荐"站着开会"。某团队管理者就是如此，他没有一张像样的办公桌，为了和团队的成员谈话，他都会来到员工身边与他们交谈。即使是开会，也是站着和成员们说话。他认为，站着开会既不需要准备会场，而且能够迅速、有效地取得成果，讨论时也会减少那种空洞无物的长篇大论。

### 4. 限制会议的时间

有一些团队管理者把自己主持的会议时间限定在1小时之内。他们在开会前，先上一个小时的闹铃，到时间就结束会议。

一位坚持这种方法的管理者就说："在规定时间内，如果讨论不完某一个问题，或没有达到做出决议的目的，这就说明这个问题放到本次会议来解决，是不合适的。最好进一步在个人之间进行个别交谈，在此基础上再处理。"

有关的调查结果显示，大部分的会议都不应该拖到一个半小时以上。如果超过一个半小时，疲劳和无聊的感受就会越来越厉害，与会者对会议的关心是越来越淡薄。

### 5. 午饭前的开会

有的团队管理者喜欢在午饭前召开有关的工作会议。因为午饭前，大家肚子都饿了，就不会为一些无聊的事来辩论是非曲直以至于浪费时间，而会很自然地全力以赴进行讨论。

### 6. 会议的人数愈少愈好

不要因为这个人与这件事有一点点相关，就找他来开会，而是只要会后把结果告诉他就可以。

### 7. 会议室不可太过舒适

安逸的环境延缓会议的进行，尤其不可有点心、茶水，或有扶手靠背的沙发，这样像是来闲聊的，不像来解决问题的。会议中不可有任何干扰，包括送资料、茶水或接电话都是禁忌。

### 8. 会议避免例行性

参与会议的人会有个习惯，如果每周三开会，则待议的事都会到周二才会进行协调或准备。会议如果每周一次，可以规定每周二或周四下午。"或"这个规定有弹性，就由"例行性"变成"经常性"，在管理上就更符合时间控制的要求。

### 9. 会后要有会议纪要

很多时候，虽然下属们知道会议最后得出的某个结论，但却不知道这个结论和自己眼前的工作有什么关系，所以无法采取行动。有时候即使他们知道会议结论和自己有关，但如果没有具体要求和相关安排，没有具体记录，也会有人无视这个结论，从而导致这个会议没有效果。所以，为了便于对会议结果进行评估，每次开会，少不了会议纪要。以下表 21-2 是会议纪要样表。

表 21-2 会议纪要样表

| 会议主题 | | | | 会议记录人 | | | |
|---|---|---|---|---|---|---|---|
| 会议时间 | | | | 会议地点 | | | |
| 参会人员 | | | | | | | |
| 会议纪要报送部门 | | | | | | | |
| 序号 | 会议议题 | 结果/结论 | 对应工作目标 | 对应工作任务 | 工作任务完成时间 | 任务责任人 | 任务监督人 |
| | | | | | | | |
| | | | | | | | |
| | | | | | | | |

## 三、更高效的在线视频会议

随着大数据、物联网、AI、云计算等数字化技术的迅速崛起，传统办公模式向数字化、协同化的智慧办公模式跃迁已经成为一个不可逆过程。2020 年新冠肺炎疫情的出现，加速了企业对智慧办公模式的布局进度，员工无需物理空间上的"在场"，即使远隔万里，也能高效、灵活地生产、分享和存储信息，远程办公、在线会议、线上协同办公等领域的优势得到充分释放。

一方面，许多团队非常容易地参与线上会议，但另一方面，这种在线会议通常都非常混乱……尤其是当有人忘记静音时，所以为了使会议更流畅，以下 4 个技巧可以帮助团队管理者召开更高效的视频会议。

### 1. 一名主持人

每次会议都需要一位主持人。当正常召开会议时，主持人必须使每个人都紧跟议程，如果有人需要共享演示文稿或共享桌面，主持人则负责进行操作，主持人面前要有一个清单，以确保没有遗漏任何步骤，并在必要时引导其他与会人员完成该过程。

### 2. 管理发言

通过在线会议，很难评估人们的感受或确定谁想发言。鼓励人们有话要说的时候虚拟地"举手"，甚至做出举手的动作，这样可以最大程度减少杂乱无章的彼此交谈。主持人需要定期提醒每个人，如果他们不讲话时调至静音，他们想发言时则取消静音，因为家庭环境中分心的事情很多，孩子们在房间里徘徊、宠物发疯等，避免会议被随机的噪音打扰。

### 3. 听到每个人的声音

为了确保没有人被遗漏，需要列出与会的所有人（尤其是有人缺席时）。做好会议记录，考虑当前话题需要哪些人参与，看看他们是否有什么要补充的，以确保不会错过每个重要的意见。

### 4. 管理会议时间

最后，务必使在线会议时间简短。在线会议的优势之一是，人们出席会议并不会浪费太多的精力，但人们很难真正长时间地关注屏幕，因此应在20 ~ 30分钟内完成会议。

 **参考书目**

1. 孙陶然. 有效管理的 5 大兵法：用文化管公司［M］. 北京：中国友谊出版公司，2018.

2. 李金水. 世界 500 强工作法［M］. 江西：江西人民出版社，2017.

3.［美］萨拉·库珀. 佘卓桓，译. 聪明人的开会技巧［M］. 湖南：湖南文艺出版社，2019.

4.［日］桑名一央. 陈禾，译. 怎样提高时间利用率［M］. 北京：科学普及出版社，1987.

5. 任康磊. 小团体管理的 7 个方法 全国解落地版［M］. 北京：人民邮电出版社，2019.

# 第二十二章

# 项目复盘术：把经验转化为能力

这个世界上最强大的人是爱学习和会学习的人，而学习有三种方式：向书本学、向先进学、向自己学。其中，向自己学的核心方式就是复盘。

哈佛大学戴维·A.加尔文教授在《学习型组织行动纲领》中指出：学习型组织的快速诊断标准之一是"不犯过去曾犯过的错误"。要想避免"重复交学费"，让整个团队快速分享个人的经验教训，就离不开复盘机制。

什么是复盘？

复盘原是围棋术语，意思是对弈者下完一盘棋后，重新在棋盘上把对弈过程"摆"一遍，检视哪些地方下得好，哪些地方下得不好，哪些地方可以有不同甚至是更好的下法等。这个把对弈过程还原并且进行研讨、分析的过程，就是复盘。

用到团队管理中，复盘指的是从过去的经验、实际工作中进行学习，帮助管理者有效地总结经验、提升能力、实现绩效的改善。正如联想集团创始人柳传志所说："所谓复盘，就是一件事情做完了以后，做成功了，或者没做成功，尤其是没做成功的，坐下来把当时的这个事情，我们预先怎么定的、中间出了什么问题、为什么做不到，把这个要理一遍，理一遍以后，下次再做的时候，自然这次的经验教训就吸收了。"

## 一、柳传志复盘的启示

20世纪90年代末期，联想集团创始人柳传志有一天在阅读曾国藩的故事时看到，曾国藩有一个人生信条叫"静思"，到一定阶段，曾国藩总是在房间里点上一炷香，当烟袅袅升起以后，他坐下来静静地把前后的事情想一遍，应该怎么做和不应该怎么做，之前犯过哪些错，这些过错要怎么改正。柳传志认为，曾国藩"静思"的过程，就是总结，就是复盘。

曾国藩曾在日记中写道："一切事情都必须每天坚持检查，一天放松，就会导致日后补救更为艰难。"他不仅每天每事进行自查，还反复检点其中的不足。曾国藩的这种自查行为，印证了孔子说的"见贤思齐，见不贤而自省也"。

曾国藩一生在严于自律中度过，不管在教育子女中，还是在管教部下时，他都坚持做榜样，以身作则，没有一日懈怠过。因此，曾国藩认为：人要不断涤除这些小失误，不断修正自己的问题，如此坚持不断，他最后就能一步步强大起来。

受到曾国藩静思、知过、改过的启示，柳传志感觉这种方法很符合自己，于是2001年第一次在联想提出"复盘"这种说法，并通过言传身教等途径在公司内部进行推广。

2009年，受国际经济危机影响，联想集团出现亏损，柳传志重新出任董事局主席，在调整领导班子之后，通过联想"管理三要素"（搭班子、定战略、带队伍）的应用，采用复盘等方法，当年就实现扭亏。2012年，"联想复盘方法论"作为一门课程，开始帮助创业者更有效率地提升经营水平。2015年，有一位领导视察中关村创业大街，了解到联想集团的复盘实践，给予高度评价，并指出："你们把中国围棋复盘的理念运用到创业中来，这本身就是一种发明。在复盘当中可以看出哪一步走错了，哪一步走得特别精彩。"

## 二、哪些事情需要复盘

复盘，分为小复盘、中复盘和大复盘。

### 1. 小复盘

每做完一件事情，都可以快速回顾一下事情的经过以及哪些地方做得不好、应该如何改进。每天睡觉前，都可以把当天经历的事情在脑子里简单回顾一下，哪些方面做得好，哪些方面做得不好，如果下次遇到同类问题，如何处理可以效果更好。

### 2. 中复盘

每个项目做完，或者每个月、每个季度，审视一下是否达到了目标，与目标相关多少；回顾一下过程，可以分为几个阶段，每个阶段都发生了什么；分析一下得失，哪些方面做得好，哪些方面做得不好；对规律进行一些总结，如果再次做同类事情，应该如何做才能做得更好；下个项目或者下个月、下个季度，有哪些可以改进的地方。

### 3. 大复盘

每年或每个阶段，都要对照目标结果，拿出时间进行过程回顾，分析得失以及总结规律，就会不断提高思维能力和执行能力，让团队在正确的道路上向目标前进。

## 三、团队复盘的方法

复盘，可以流于形式，也可以非常深刻，取决于两个方面，一是心态。开放的心态使我们正视问题、坦诚表达，从而带来深刻的复盘，抵触的心态只能带来流于形式的复盘。二是方法。复盘是有方法的。中国学习型组织网创始人邱昭良博士在他的著作《复盘＋：把经验转化为能力》一书中，详细总结复盘的三个阶段、九个步骤，邱博士将其简称为"三阶九步法"，此处摘录、引用如表22-1所示，以便参考。

表 22-1 复盘总结表

| 一、精心准备 | 二、有效引导 | 三、推进到位 |
|---|---|---|
| ● 策划团队复盘方案 | ● 开场 | ● 整理并分享复盘结果 |
| ● 组织团队复盘会议 | ● 顺序研讨，深入挖掘 | ● 跟进实施，推动"落地" |
| ● 提前准备 | ● 收尾 | ● 评估与改善 |

### 1. 第一阶段：精心准备

由于复盘主要是以团队研讨的方式进行的，要基于客观的事实，有明确的目的，因此需要精心的准备。在这个阶段，主要包括以下三项工作。

第一步是策划团队复盘方案。根据团队的具体情况，可以选择一个事件、活动或项目，或者是一段时间内部门的经营情况、主要工作，进行复盘。根据不同复盘主题与范围，设计不同的操作形式（如是否要安排面对面的复盘会议，需要多长时间，议程如何安排等），选择所需的人员，明确复盘的目的与预期成果。

第二步是组织团队复盘会议。如有可能，尽可能召开面对面的团队复盘会议，以确保复盘的效果。为此，要明确职责分工，提前与参会人员（特别是关键人员）确认好时间，既要坚持"越快越好"的原则，又要确保关键人员准时参会。如果缺少关键的利益相关者，复盘会议就可能开得不圆满。

第三步是提前准备。要指定项目负责人对复盘会议所需的各种资料进行汇总，通常是与项目相关的文件，如计划方案、执行过程中产生的文档、工作总结报告，以及其他与目标、过程和结果相关的参考资料。根据需要，这些资料可以提前发给所有参会者，也可以打印出来，放在复盘会议现场或工作场所备查。

### 2. 第二阶段：有效引导

第四步是开场。因为不同的参与者可能对复盘的程序与规则了解不同，因此在开导时，需要申明复盘的目的、程序与规则，确认和提醒相关注意事项。同时，应简明扼要地介绍复盘会议的主题、范围，以及事件、活动或项目的背景、分工、进度等信息，使大家信息一致，便于后续讨论。

第五步是顺序研讨，深入挖掘。尽管不同类型的复盘有不同的程序，但其内在的逻辑是一致的，因此需要参考之前设计好的议程，按顺序引导团队进行研讨。在研讨过程中，应避免平铺直叙或平均用力，对于一些关键问题，或有学习价值的点，都应该深入地研讨，尤其是对于一些大型事件或项目，几乎不可能面面俱到，更需要抓住关键、突出重点。

第六步是收尾。在复盘会议结束之前，可以简明扼要地总结，倾听参会者的心声，对大家的投入表示感谢，并明确后续的跟进措施。

### 3. 第三阶段：推进到位

复盘是以学习和改进为导向，因此不能只是开了个会就万事大吉，必须把复盘的结果真正付诸行动，推动复盘的结果得到落实。在这一阶段，主要包括以下三项工作。

第七步是整理并分享复盘结果。整理复盘研讨成果，包括但不限于对关键问题的分析、提炼的经验与教训、反思发现、行动计划以及管理改进建议等，将其发送给复盘会议参与者、团队成员等。如果通过复盘获得了有价值的经验与教训，可以整理成微课或微视频，分享给团队成员。另外，团队内部要建立复盘资料存档系统，便于以后查阅和重复使用。

第八步是跟进实施，推动"落地"。对于复盘会议确定的改进事项及行动计划，要定期跟进行动计划的实施情况。如果在执行过程中遇到一些问题或困难，作为团队管理者，要进行协调、推动解决，并视需要提供相关的资源协助。

第九步是评估与改善。在实施一段时间后，可对复盘效果进行评估，并根据实际情况讨论后续改善措施。

复盘，是一个人人都可以掌握，使用后就可以从中受益的管理工具，每个小团队管理者都值得拥有。

**参考书目**

1. 孙陶然. 有效管理的 5 大兵法：用文化管公司 [M]. 北京：中国友谊出版公司，2018.

2. 邱昭良. 复盘+机械：把经验转化为能力 [M]. 3 版. 北京：机械工业出版社，2018.

3. 陈中. 复盘：对过去的事情做思维演练 [M]. 北京：机械工业出版社，2020.

4. 郑强. 复盘思维：用经验提升能力的有效方法 [M]. 北京：人民邮电出版社，2019.

# 第二十三章

# 责备批评术：批评是为了促进成长

在团队管理的工作中，批评是一种必要的强化手段，它与赞美是相辅相成的。作为管理者，应该尽量减少批评所产生的副作用，减少下属对批评的抵触情绪。

批评的最终目的不是要把下属压垮，不是整人，而是为了帮助他成长。一旦这种错误得到纠正和解决，就忘掉它。

## 一、掌握批评的尺度

美国某公司有一位高级管理者，曾由于工作严重失误造成了500万美元的巨额损失。为了此事，他心里十分紧张。许多人向董事长提出应该严惩，但董事长却认为一时的失败是企业家精神的"副产品"，如果能继续给他工作的机会，他的进取心和才智有可能超过未受过挫折的常人。因为挫折对有进取心的人是最好的激励剂。第二天，董事长把这位高级管理者叫到办公室，通知他调任同等重要的新职位。这位管理者十分吃惊："为什么没有把我开除或降职？""若是那样做，岂不是在你身上白花了500万美元的学费？"后来，这位管理者用坚强的毅力和智慧为公司作出了卓越的贡献。

下属犯错误时，不少团队管理者对此的反应常常是凶狠的训斥甚至责骂。这样做无助于问题的解决。既然错误已经犯了，就只能在如何减少错误的损害程度和避免重犯上下功夫，使错误成为通向成功之路的铺路石。批评是一门艺术，如何有效地利用它呢？

### 1. 注意场合

批评时考虑时间、场合和机会。假设一位管理者带着部下到顾客那里去访问，当管理者发现部下在言谈举止上存在问题时，就不能当着顾客的面提出批评。这时候，最重要的还是要用高明的谈话方法，把部下的缺点掩饰过去。当没有旁人的时候，在车上或回程的路上对部下提出批评，是绝妙的时机。

### 2. 对事不对人

有人批评人时总是说："从你做的这件事就能看出你这个人怎样"这是批评之大忌。批评时，只能针对事情，而不能针对个人的人格、品性，拿事来说人。

比如可以这样说："小姜，根据往常的经验，我知道，你不至于犯这种错误，是否有什么原因使你这次没有做好充分准备……"这种气氛有助于使对方认识到领导不是在攻击他的自我，不是批评他这个人，而是批评他的某项工作或某件事情。领导把批评指向员工的活动，就无损于员工的整个自我形象，这样就把批评建立在友好的气氛中，使对方感到无拘无束，欣然接受批评。用这种方法，在指出他人错误的同时实际上夸奖了他，使他得以重新树立自我形象，因为领导的意思给员工的感觉是"领导的话说明我这个人还是不错的"。这样，员工心里就很清楚领导是信任他的，并期望他做得更好，这本身对于他不辜负领导的信任和期望就是一种强有力的激励。

### 3. 先赞扬，后忠告

有的领导之所以善于运用批评，就是他们能采取先扬后抑的方式，比如："小张，你的调整报告写得不错，你肯定下了不少功夫。同时，还有一个重要的问题你要注意……"。"小李，你调到这个单位后的表现不错，对你取得的成绩，我非常赞赏。就是有一点我觉得可以做得更好，我也相信你一定愿意改正的……"。如果对方需要得到忠告批评，要从赞扬其优点开始。这种方式就好像外科医生手术前用麻醉药一样，病人虽然有不舒服的感觉，但麻醉药却能消除痛苦。

从赞扬开始，以忠告结束批评，问题也解决了，感情也没伤害到，真是奇妙的方法。

### 4. 缩小批评的范围

人们犯错时，受不了的是大家对他群起而攻之，因为这伤害了他的自尊，他也许会承认错误，但无法接受这种批评方式，这将使他对领导、对同事充满敌意，一旦有机会，将以牙还牙。

如果我们希望自己的批评取得效果，就决不能使别人反对自己。我们的目标是取得一些好的效果——或者使对方回到正确的航向上来，而不是去贬低他的自我。即使你的动机是最高尚的，是真心诚意的，也要记住，对方的感觉也在起作用。当其他人在场时，哪怕是最温和的方式也可能引起被批评者的怨恨，不论是否辩解，他已感到他在同事或朋友面前丢了面子。对于一些过失，只要他认识到错了，就没有必要当着整个团队要求他做出公开检讨，而只要在你的办公室里，一个人面对面跟他谈，就足以使他反省了。任何具有上进心的人都不愿犯错误，从他个人角度来说也是如此，何况我们的目的只是为了让他改进工作，而不是贬低他的人格。

### 5. 不要新账旧账一起算

话说三遍淡如水。要想对一个已知的过错引起注意，一次提醒就足够了，批评两次完全没有必要，而三次就成了纠缠。如果你被引发提起过去不愉快的事，或改头换面地重谈过去已犯的错误——揭人疮疤，令人不舒服。除非他又重犯类似的错误，否则，无缘无故地挑刺儿，他就会认为领导对他抱有成见，或者别有用心。要记住批评目标：使这方面的工作得以改进，顺利地完成任务。一旦这种错误得到纠正和解决，就忘掉它。一次批评，一次提高。当对方接受批评、取得了一定的进步时，他就已经在新的起跑线上。

批评不是存款，时间越久，利息越多。总是翻阅别人的老账，唠叨个没完，于做事没有丝毫的帮助。批评别人时，宜"就事论事"，不要旧账新账一起算。在交谈结束时，说几句："我相信你会从中吸取经验教训的。"诸如此类勉励的话，就会让人觉得这不是有意打击，而是深刻的教训，不失为一次有益的经验。这样想过之后，他会鼓起精神，更加踏实地投入工作。

## 二、保持克制和冷静

好好观察一下资历年轻的团队主管，不难发现，他们在批评时采取的态度，好像总是在把批评当成发泄自己郁闷的方式。

而从另一些人的批评全过程来看，开始时尚能保持冷静的态度，然而，在批评过程当中，随着各种因素的累积，感情便会发生微妙的变化，自己把自己感动得兴奋异常，进而拍桌子捶板凳的有之，唾沫横飞的也有之，脸红脖子粗的更不乏其人。这是最不可取的批评方式。

这种批评方式之所以不可取，是因为它会让人变得"感情用事"。人们对语言刺激是相当激烈的，仅此一举就足以令人心扉紧闭。这样一来，即使你再苦口婆心地向下属讲道理也只会适得其反。如果是出于期望让犯错误的下属向好的方面转化的目的，你就必须避免掺入个人感情的成分，要自始至终保持克制和冷静，仔细斟酌进行谈话的程序。

如果我们在批评时忘记了批评的目的是让对方变好，或掺入个人感情成分，那么，这种批评也就变成了情绪的发泄。你也会被认为是不成熟或幼稚的领导，因为你不能很好地控制自己，至少也是自制力太差。

话虽这么说，人毕竟还是有感情的。在有力地控制自己这一点上，谁也不可能做得尽善尽美。

关于这一点，美国管理心理学家欧廉·尤里斯教授提出了一个耐人寻味的建议，他说当感觉到开始兴奋激动之时，要努力做到：首先降低声音；继而放慢语速；胸部向前挺直。

为什么要首先降低声音呢？

这是因为大声说话时，声音对自身的感情将产生催化作用，从而使已经冲动起来的情绪变得更为强烈，造成不应有的后果，所以要降低说话的声音。放慢语速，是因为个人感情一旦掺入，语速就会随之变快，造成与大声说话同样的负面影响。所以要有意识地控制自己，放缓说话的节奏。至于为什么要胸部向前挺直，恐怕这是人们不难理解的，观察一下情绪激动、语调激烈的人，通常都是胸部前倾，一旦把胸部挺直时，就会淡化冲动紧张的气氛。而当身体前倾时，就会使自己的脸接近对方，这种讲话姿态将会人为地制造紧张局面。

降低声音、放慢语速、挺直胸部，这三点是颇有见地的经验之谈。不论在何种场合下，一旦意识到自己开始激动，就应当下意识依照这三点，逐一调校自己的行为。

真正的批评，是一次感情经过细腻处理的、冷静的、充满理智的谈话。

## 三、批评切忌喋喋不休

批评的质量与其数量之间并不存在正比的关系。有效的批评往往能一针见血地指出问题的实质，使下属心悦诚服，而絮絮叨叨的指责会增加下属的逆反心理，即使他能接受，也会因为你缺乏重点的语言而抓不住错误的症结。

严重的是，有些管理者似乎就是喜欢"痛打落水狗"，下属越是认错，他咆哮得越厉害。这样的谈话进行后会是什么结果呢？一种可能是被批评者垂头丧气，另一种可能则是他忍无可忍，勃然大怒，重新"翻案"，大闹一场而去。这时候，挨骂下属的心情基本上都是一样的，就是认为："我已经认了错，还要抓住不放，实在太过分了。"性格怯懦者会因此丧失信心，性格刚烈者则说不定会发起怒来。显然，管理者这么做是不明智的。有些主管认为下属并非真心认错，实际上不论认错态度真假，认错本身总不是坏事，所以应该先肯定下来。然后便可循此思路继续下去：错在何处？为什么会发生这样的错误？造成了什么恶劣后果？怎样弥补损失？如何防止再犯类似错误？只要这些问题，尤其是最后一个问题解决了，批评指责的目的也就达到了。

须知一千个犯错误的下属，就有一千条辩护的理由。下属能自我反省承认错误，就不应苛求。总之，犯错是第一阶段，认错是第二阶段，改错是第三阶段。无论如何，在下属认错之后，领导者只能努力帮助他迈向第三阶段，而不是其他。

## 四、试着欣赏部下

作为一个团队主管，必须欣赏员工的外貌魅力、性格魅力及能力魅力，让他能各展所长，也使自己能充分发挥此三种魅力。

### 1. 外貌魅力

我们经常听人说："只要看到那副嘴脸，就讨厌！""看到他，就令我恶心！"然而说这些话的人的嘴脸，通常都是咬牙切齿的——他们不知道，在此时此刻，自己就先丧失了外貌魅力。

"看了不讨厌"，是人际吸引的基本原则。每一个人在外貌上都有其特殊的魅力。

一位优秀的主管必须走出心理上的"直觉式"误区——以第一印象取人，因为由个人经验、感受、思考等复杂因素交织所衍生出的人际直觉，带着极其明显的主观烙印，缺乏公正性、客观性和接纳性。

每个人在外貌上均有其独特之处。一位管理者如果能学习着"欣赏"员工的外貌，就会使自己与员工产生"自然"的良好互动，使自己得以展现特殊的外貌魅力。

因为能"诚心"欣赏别人外貌的人，其本身的外貌必然带有活泼、焕发的活力，正如见到自己心爱的人时，脸部表情和肢体语言必然不一样。

### 2. 性格魅力

许多管理者花费太多时间在处理因员工性格所引发的问题上，而不是导引人才发挥其性格魅力。但这时必须明白，主管的目标是为达到工作绩效，而不是人格的改变。

在每个人的性格成分中，都有其优、缺点，但人们都把焦点放在缺点上，而不去强调其优点和特殊性。根据行为心理学领域的研究成果：狂热型性格的人能鼓舞他人；控制型性格的人富有冲劲；理智型性格的人精于分析；维持型性格的人可靠忠实。

管理者应该懂得如何使用不同性格的人，让他们来完成特定的工作。当然，也要做好接纳不同性格的人所有的不足的准备。

### 3. 能力魅力

许多管理者常说："这些人真笨！真没有用！"管理专家却提醒我们：幸亏他们"笨"，否则你哪有机会当领导！

必须承认，每一个人的能力范围各有不同。

管理者须注意到员工的个别主导性专长，让员工的特殊能力能够得到充分发挥。这个能力，可能是组织能力、策划能力、领导能力、协调能力及执行能力。

所谓领导，就是要懂得让别人发挥他的特殊能力。

## 五、责人先责己

一个高明的管理者，会在责备下属之前先问自己，这个责任是不是我也有一份？这叫责人先责己。这样的领导，才是勇于承担责任的领导，才能让属下心服口服。

工作中，有些人喜欢任意中伤他人或排斥异己，像这类人才着实不好管理，但做领导的，也不能因而置之不理。

这是发生在某贸易公司的事。女职员对董科长报告说："董科长，我每次给张股长倒茶时，他连看都不看一眼，也不说一句话，表情很冷漠，是否可请科长转告他，应该尊重女性。"公司里这些冷淡、以自我为中心的工作人员很多，但仔细思考，发出这些怨言的人，才真正是标准的自我中心型的人物呢！

对女职员的控诉，张股长的说法是这样的："她板着脸，砰的一声，放下茶杯，茶泼出来了，也不擦。公文弄湿了也置之不理，像这样，上司怎么尊重她？"

董科长听了他的解释，就对他说："我知道了，我会叫她工作时态度客气些，但是我要先和你约定，下次她端茶给你时，请你先说声谢谢。"然后，他对女职员说："以后你端茶去的时候，要先打一声招呼说'股长，茶来了。'或是'股长，请喝茶。'否则，对方也许没有注意到你。"经过这一番交待，第二天，情形就改善了，双方后来都对科长表示："谢谢你！对方很快就改正过来了。"董科长笑着回答说："我并没有责备对方，只是要他（她）打一下招呼。"这一段话颇有要他们各自反省的意味。

小新是负责团队新媒体运营的员工，平时不但做事不认真，而且经常借故请假。

有一天，他收到主管发给他的微信留言，微信中说：

"我一直以平和的态度对待你，凡事都抱着宽容的态度来处理，事实证明，我这种做法错了！如果我再不对你的所作所为进行提醒，不但对我们的团队不利，对你自己也有害。你今天的态度根本是在欺骗你自己，对人生也欠缺思量。

每个人的心中固然会隐藏着烦恼和悲哀，但你却不敢正视，一味逃避现实，自甘堕落。这种松散的态度可以偶尔为之，不过，人生并不是这么简单的，如果长期这样松散下去，不久你就会发现你已经被自己、朋友和社会抛弃了。如果你对这份工作不满意，不想干也没关系，但是，千万不要悲叹自己的不幸，不要归咎于他人，不要埋怨社会上缺少人情味，不论在什么环境之下，都不要存有依赖他人的心理。

人的一生总有许多不如意的时候，没有必要怨天尤人。人生是孤独的，你要牢记，在这个世界上，除了自己，一切都不可靠。

这些话即使我不说，相信你也一定能懂，但我若不将它说出来，心里会一直过意不去，所以我才写了这封信给你。你心里也许有许多话要说，如果你愿意，可以把你心中的困扰告诉我，不论什么时候，都欢迎你来找我。

我给你 10 天的时间，在这个期间，如果你能想透彻，公司依旧十分欢迎你，要是过了 10 天，你仍然没有回答我，还是过着自欺欺人的生活，你就不用回团队了。你可以到你要去的地方，做你要做的事。我在此静候你的回音。"

看完微信后，他才发现这个世界竟然有人这么关心他，禁不住痛哭失声。此后，他在态度上有了很大的转变，同以前相比简直判若两人。

作为团队管理者，要先懂得鞭策自己，只有以指责自己的方式来批评他人，才能见效。

 **参考书目**

1. 沧海满月. 世界顶级思维 [M]. 江西：江西人民出版社，2017.

2. 林国峰. 上任第一年：小团队管理全攻略 [M]. 广东：广东经济出版社，2020.

3. [日] 吉田幸弘. 程亮，译. 不懂说话，你怎么带团队 [M]. 北京：北京联合出版公司，2016.

4. 宇君. 领导三件事全集 [M]. 北京：海潮出版社，2010.

5. 李智慧. 管理者每天读点口才学知识 [M]. 北京：海潮出版社，2010.

# 第二十四章

# 有效倾听术：这样听员工才会说

倾听是获取信息的方法，只有认真倾听，才会获得准确的信息，而许多准确的信息可为准确的决策提供依据。

英国作家拉迪亚德·吉卜林曾经这样描述恰当的提问与回答："我有6个忠实的仆人，他们可以告诉我所有想知道的事情。他们的名字是：什么、为什么、何时、何地、怎么样、谁。"在你倾听别人谈话的时候，如果你确保掌握了吉卜林的6个"忠实仆人"的要素，会对你有很大帮助。

有一个国王收到了三个一模一样的"金人"，但进贡人要求国王回答问题：三个"金人"哪个最有价值？无论是称重量还是看做工，都是一模一样。最后，一位老臣拿着三根稻草，插入第一个金人耳朵里，稻草从另一边耳朵出来。第二个金人的稻草从嘴巴里掉出来。第三个金人的稻草掉进肚子里。老臣说："第三个金人最有价值！"答案正确，使者默默无语。善于倾听，才是最有价值，才是成熟的人应具备的基本素质。英国联合航空公司总裁 L. 费斯诺归纳类似的现象说，人有两只耳朵却只有一张嘴巴，这意味着人应多听少讲。这就是"费斯诺定理"。

"金人"故事的观点是：善于倾听，才是最有价值；讲一定要讲得精悍。这也就给"费斯诺定理"下了个概念：人要善于倾听，获取对方的信息越多，理解对方的意思就越明确，才能给予对方精确的答案。

作为一位团队管理者，首先要善于倾听，然后再去指导。

## 一、善于倾听不同的声音

倾听的艺术算得上是无障碍沟通的关键所在，而无障碍沟通又是成功的企业管理之砥石。要想通过沟通清除工作中的摩擦和障碍，应该注意在沟通中非常重要的一个环节，那就是倾听。

在平时的交流中，我们所能做到的重要的事就是倾听。比如，作为一名管理者，在讲话前，只有倾听才能帮助我们在回答问题时提供更多的信息帮助。当我们养成倾听的习惯时，就必然会了解我们的员工的问题、挫折以及需求。

很多管理者都有这样的体会：一位因感到自己待遇不公而愤愤不平的员工找你评理，你只需认真地听他倾诉，当他倾诉完时心情就会平静许多，甚至不需你作出什么决定来解决此事。

美国著名银行家约翰·洛克菲勒说："我们的政策一直都是：耐心地倾听和开诚布公地讨论，直到最后一点证据都摊在桌上才尝试达成结论。"据说他的座右铭就是"让别人说吧"。惠普公司的创始人帕卡德也特别强调："倾听，然后去理解。"

"不善于倾听不同的声音，是管理者最大的疏忽。"玛丽·凯在《玛丽·凯谈人的管理》一书中，曾对倾听的影响做了如此的说明。玛丽·凯经营的企业能够迅速发展成为拥有20万名美容顾问的化妆公司，其成功秘诀之一是她非常重视每一个人的价值，而且很清楚员工真正需要的不是金钱、地位，他们需要的是一位真正能"倾听"他们意见的管理者。因此，她严格要求自己，并且使所有的管理人员铭记这条金科玉律：倾听，是最优先的事，绝对不可轻视倾听的能力。

西方有句谚语：倾听是最高的恭维。英国学者约翰·阿尔代说：对于真正的交流大师来说，倾听和讲话是相互关联的，就像一块布的经线和纬线一样。当他倾听的时候，他是站在他同伴的心灵的入口；而当他讲话时，他则邀请他的听众站在通往他自己思想的入口。

管理是讲究艺术的，对人的管理更是如此。新一代的管理者更应认识到这一点：高谈阔论，教训下属，以自我为中心的领导方式已不适用了。倾听是一种有效的沟通方式。具有成熟智慧的管理者会认为倾听别人的意见比表现自己渊博的知识更重要。我们要善于帮助和启发他人表达出自己的思想和感情，不主动发表自己的观点，善于聆听别人的意见，激发他们的创造性思维。这样，我们不仅使员工增强对管理者的信任感，还可以从中获取有用的信息，更有效地组织工作。

## 二、做一个会听话的管理者

在一项关于友情的调查中，调查结果让调查者感到十分意外。调查结果显示，拥有最多朋友的是那些善于倾听的人，而不是能言善辩、引人注目的演说者。其实，这也没有什么不可思议的。生活中我们每个人都渴望表达自己。聪明的聆听者能够让说话者有充分的表达的机会，自然就更容易获得别人的好感。

有这样一位经理，他心存好意，请刘某到小吃店去喝酒，想要劝服刘某留下来，可是却没有收到效果。因为喝酒的目的是要使对方的心情放松，然后再引出他心中的话。可是经理一开始就在说教，自己这么严肃，让对方连说话的机会都没有，结果只能与自己所想背道而驰。

一方面，每一个人都喜欢叙述有关自己的事，都想肯定自己，也都想让对方相信自己的叙述；另一方面，每一个人又想探知别人的秘密，并且都想及早转告别人。这种现象，也许可以说是人的本性。

从某种意义上讲，会听话比会说话更为重要。聆听越多，你就会变得越聪明，就会被更多的人喜爱，就会拥有更好的谈话伙伴。一个好听众总能比一个擅讲者赢得更多的好感。

当然，成为一名好的听众，并非一件容易的事。首先，要注视说话人。对方如果值得你聆听，便应值得你注视；其次，靠近说话者，专心致志地听，让人感觉到你不愿漏掉任何一个字；再次，要学会提问，使说话者知道你在认真地听。可以说，提问题是一种较高形式的赞美。我们都经历过这样的场面：上学的时候，如果老师在上面做完演讲而听众没有一个问题，场面是多么的尴尬。另外，记住不可打断说话者的话题。无论你多么渴望一个新的话题，也不要打断说话者的话题，直到他自己结束为止；最后，还要做到"忘我"。你始终要明白，你是个"倾听者"，不要使用诸如"我""我的"等字眼。你这么说了，就意味着你不得不放弃聆听的机会，注意力已经从谈话者那里转移到了你这里，至少，你要开始"交谈"了。

## 三、倾听中的插话技巧

一个倾听高手在倾听过程中如何插话，才有助于达到最佳的倾听效果呢？

根据不同对象可采取不同的方法：

方法一：当对方在同你谈某事，因担心你可能对此不感兴趣，显露出犹豫、为难的神情时，你可以趁机说一两句安慰的话。

"你能谈谈那件事吗？我不十分了解。"

"请你继续说。"

"我对此也是十分有兴趣的。"

此时你说的话是为了表明一个意思：我很愿意听你的叙说，不论你说得怎样，说的是什么。这样可以消除对方的犹豫，坚定他倾诉的信心。

方法二：当对方由于心烦、愤怒等原因，在叙述中不能控制自己的感情时，你可用一两句话来疏导。

"你一定感到很气愤。"

"你似乎有些心烦。"

"你心里很难受吗？"

说这些话后，对方可能会发泄一番，或哭或骂都不足为奇。因为，这些话的目的就是把对方心中郁结的一股异常情感"诱导"出来，当对方发泄一番后，会感到轻松、解脱，从而能够从容地完成对问题的叙述。

值得注意的是，说这些话时不要陷入盲目安慰的误区。不应对他人的话作出判断、评价，说一些诸如"你是对的""他不该这样"一类的话。你的责任不过是顺应对方的情绪，为他架设一条"输导管"，而不应该"火上浇油"，强化他的抑郁情绪。

方法三：当对方在叙述时急切地想让你理解他的谈话内容时，你可以用一两句话来"综述"对方话中的含意。

"你是说……"

"你的意见是……"

"你想说的是这个意思吧……"

这样的综述既能及时地验证你对对方谈话内容的理解程度，加深对其的印象，又能让对方感到你的诚意，并能帮助你随时纠正理解中的偏差。

以上三种倾听中的谈话方法都有一个共同的特点，即不对对方的谈话内容发表判断、评论，不对对方的情感作出是与否的表示，始终处于一种中性的态度上。切记，有时在非语言传递的信息中你可以流露出你的立场，但在语言中切不可流露，这是最重要的。如果你试图超越这个界限，就有陷入倾听误区的危险，从而使一场谈话失去了方向和意义。

 **参考书目**

1. ［日］佐佐木圭一 . 程亮，译. 所谓情商高，就是会说话［M］. 北京：北京联合出版公司，2016.

2. 孙路弘 . 说话就是生产力［M］. 福建：鹭江出版社，2010.

3. 陈璐 . 在任何场合说服任何人［M］. 北京：中国文史出版社，2013.

4. 端木自在 . 说话心理学［M］. 江西：江西人民出版社，2016.

5. 尚旭东，陈培松 . 不懂带团队，你就自己干到死［M］. 吉林：吉林美术出版社，2018.

# 第二十五章

# 时间管理术：每天多出一小时

现今，老式的"效率大师"的时代已经过去了，管理学大师多从效能入手谈论如何管理时间，因为效能是一个含义更广、更有用的概念。

效率重视的是做一件工作的最好方法，效能则重视时间的最佳利用。例如，为了即将召开的一次会议，管理者有一份必须通知的名单。如果从效率来看，管理者就会想什么时候通知参会者是最好的时机，这张名单是不是最新的正确资料等。但是，如果从效能来看，管理者就会问，什么时候通知这些人是不是对时间做最佳的运用，他也许会考虑另一种联络方法：把通知的事派给下属去做；或是取消会议，以便把时间用在更有用的地方。

健全的时间管理，应该以效能优先、效率次之的观念为出发点。

我们不会记录自己一天的时间是怎么度过的——不光是懒惰的人，就连很勤奋的人也不会这样做，大家倾向于认为"只要努力工作就行了"。管理学大师彼得德·鲁克通过著作《自我管理笔记》指出，企业领导者和管理者绝不可以那样使用时间。他认为明确自己现在的时间是怎样度过的极为重要，所以他强调应当将在什么事情上所花费的时间全部记录下来并且进行管理，同时还要根据目标将时间进行统合，以便最终达到"为了达成自己的目标，应该对此付出更多时间"的目的。

# 一、揭掉时间陷阱的伪装

在时间管理中，我们把那些不被注意却又占用宝贵时间的事称为时间陷阱。我们往往在不知不觉中掉了进去，时间也就如同白驹过隙，不再属于自己。

团队管理中，时间陷阱非常普遍，可以说是司空见惯，以至于我们习以为常，身陷其中而不觉其害。我们常常苦于缺乏时间，实际上时间却被我们毫不在意地放走了。

那么，我们怎样才能揭掉时间陷阱的伪装呢？

## 1. 凡事因循守旧不知变通

有些管理者工作起来，从不知变通。文山会海袭来也是慢慢地消磨，打的是攻坚战，不分轻重，不知缓急，不少人成天忙于批阅、转办和划圈之中。对于这种情况，只要采取果断的办法，轻、重、缓、急分类处置，对可办可不办的事交由别人去办；对可阅可不阅的，不去阅览；抓住重要的事情认真处理，对次要的则快刀斩乱麻，才会逃离文山，卸掉重压，以更多的时间去做更重要的事。

## 2. 不懂得节制欲望

每个人都有兴趣偏好，喜欢做那些自己感兴趣的事，并乐此不疲，越是年轻人，这种偏好表现得越强烈。我们都可能有这方面的感受，当看到一本精彩的小说而入迷的时候会手不释卷，不顾其他；当棋迷棋兴正浓时会放弃本来打算要做的事。在工作中，如果有几件事摆在面前由我们选择，我们往往会选择自己感兴趣的，有时候就忽略了它是否紧迫和重要。这些首先满足自身欲望的行为方式，常常使我们掉进陷阱，把该办的事拖延下来，造成了整个计划的被动。

因此，要跨越时间陷阱，就必须努力培养自我约束能力，改掉不良嗜好。要能抵抗兴趣偏好的诱惑，哪怕正在进行的活动是如此令人愉快，应该结束时就要适可而止；哪怕有的事情是自己乐意做的，只要它比起其他事情来还不那么紧迫和重要，就应该毫不犹豫地放下它。要知道，与其拖延不愉快的事而弄得今后更不愉快，倒不如尽快把它做完，放到脑后，乐得轻松。

管理者要想节制自身的欲望，必须提高自我约束能力，这是讲究时间运筹的关键。

### 3. 办事犹豫

犹豫不决是管理者浪费时间，降低效率的一大病因。深沉稳重的人，缺乏一定的冒险精神，对问题总想考虑得越周到越好，对工作总想等条件完全具备了再干，具体表现为多谋而不善断，长于心计而迟于行动，很多事情久拖不决，结果常常是贻误时机。

通常这样的管理者还会过多地忧虑未来，把很多时间用于策划过于遥远的事，对于眼前的事则认为已成定局，不从眼前做起。过早地为未来着想，只会使我们养成迟疑拖拉的习惯，自己本来就不多的果断冲动更会被消磨殆尽。《三国演义》里，诸葛亮设空城计智退司马懿的故事，说的就是司马懿犹豫不决，丧失时机，给蜀军留下了退兵的时间。

犹豫不决是时间运筹的大忌，通常一个困难的决策拖延的时间越长，作出决策会变得更加困难，由此还带来后遗症。当事情发展到迫使你不得不作出决策时，已经丧失了对可能出现的问题采取防范措施的机会。

### 4. 做事情不专心

有些管理者对时间漫不经心，抱着随便打发的无所谓态度，这是缺乏人生价值观念的表现。其口里经常念叨的是：做点什么呢？打发打发无聊的时间。而且在时间管理上，就是有事业心的人，有时也会因漫不经心而丧失时间。因此，要追求高速，就要特别注意漫不经心给我们设下的陷阱。

生活工作上，"漫不经心"伪装的陷阱是非常多的，它随时随处都发生着，就在我们身边。美国的一家报纸曾对此做了点滴的描述。比如，因为乱放东西，到用的时候花费了很大工夫才找到；因为记错了时间，耽误了该办的事；因为那边有一群人在吵吵嚷嚷，不知道是干什么的凑上去看热闹；因为听到有两个人在谈论昨天的赛事，也去发表一下自己的看法；因为下棋来了劲，非要和对手见个高低，其他事早已忘得一干二净，如此等等。我们的时间，就是被这些习以为常的事所吞噬，我们的工作计划往往因此而一再往后推延。

因此，倘若我们想成为一个优秀的管理者，就应该把它安排到我们的时间日程表里，然后去实施它。有成就的管理者正是这么做的。

## 二、利用"番茄工作法"

20 世纪 90 年代有一项著名的实验，实验人员试图通过大量数据，来找出"精英演奏家比中等演奏者更加优秀"的原因。为此，有三位心理学家专门前往德国西柏林中心的艺术大学，对一批小提琴名家进行研究。

研究对象被分成精英演奏者和演奏爱好者两组，通过一段时间观察发现：普通演奏者的工作时间是分散的，工作时间总量和休闲时间总量相近；而精英演奏者有两个显著的工作峰值，分别是早晨和下午，工作之外，他们休息放松的时间要比普通演奏者多。

由此得出的结论是，长时间的、分散的工作很容易陷入无效劳动；而有节奏、有专注力的工作，则更容易出成果。只有懂得把控时间和专注力的人，技能才会提高得更快。

2016 年 12 月 1 日，大连万达集团微信公众号晒出公司董事长王健林 11 月 30 日的行程单，从行程单上来看，王健林在一天之内飞了两个国家三个城市。微博上有网友发微博惊叹："这个世界上最可怕的事情就是，比你有钱的人比你还努力！你缺的不是时间，而是时间管理！"

王健林在雅加达当地时间早上 4 时起床，4 时 15 分开始健身，5 时吃早餐。5 时 45 分赶往机场，早上 7 时，登上了他的私人飞机。从印度尼西亚的雅加达飞往海南省海口市，在那里，王健林接受了当地领导的会见。随后，王健林和海口市签订了一份协议。在海口停留了两个小时以后，王健林再次搭乘私人飞机飞回北京的办公室。

从万达集团微信公众号披露的信息来看，王健林的一天非常程式化，时间被分割成多个片段，有时行程在几周、几个月前就规划完毕。

由弗朗西斯科·西洛里于 1992 年创立的"番茄工作法"，是一种简单易行的时间分割法：选择一个待完成的任务，把番茄时间设为 25 分钟，在这个番茄时间内，专注工作。中途不允许处理任何与该任务无关的事，直到番茄钟响起，在纸上画一个 × 短暂休息一下，每四个番茄时段多休息一会儿。番茄工作法不仅能极大地提高工作效率，还会带来意想不到的成就感。

其实，高效率的管理者都擅长给时间做分割法，在峰值时间内专注工作，而不是把任务分摊到全部时间里费力地工作。

## 三、保持准时的习惯

保持准时，就是在约定的时间准时开始约定的事情。例如，约定 9：30 开会，"保持准时"的含义是 9：30 准时开始会议的第一项议程。对于与会者来说，如果 9：30 之后才到达会议室显然是不准时；如果 9：30 到达会议室也是不准时，因为已经没了调整状态进入会议的时间；如果 9：30 才开始准备投影仪、发放会议文件或者第一个发言人才开始走向讲台都是不合适的。所谓"保持准时"，是指一切都在 9：30 之前做好了准备，9：30 正式开始会议的第一项议程。

很多人总是纠结"迟到 5 分钟之内应该不算迟到"，他们的理由很多，例如，路上堵车、楼下等电梯、进门前上了一趟厕所等等。这些都不是不准时的理由，乘飞机、坐高铁时，飞机和高铁不会因为我们迟到而等待 1 分钟吧？

实际上，如果想保持准时，通知 9：30 开会，我们就应自动把开会时间设定为 9：20，留出 10 分钟来应付各种可能出现的意外，而不是以 9：30 为界限。

管理者如何保持准时呢？首先，要正确理解什么是准时，准时就是在约定的时间开始进行约定的事情，除此之外都是没有准时。其次，要把保持准时当作自己修身的一个要求来对待，像维护自己的个人品牌形象一样来保持准时。最后，要预留足够的时间以及有效的方法来做到准时。

想象一下，我们身边有这样一个人，从来都是不迟到，任何事情都是说到做到，这是一个多么有力量的人，身边的人会多么信任他。这一切，仅仅是因为他做到了保持准时这个谁都可以做到但大多数人没有做到的事情。

## 四、记录工作日志

当我们面对繁多的管理事务理不出头绪时，工作日志就成了非常重要的东西。工作日志是帮助我们快速处理事情的工具，运用得当能节省不少时间。每天做好工作日志，让自己的计划都能够顺利进行。

一些管理者认为，工作只要用心就可以了，没必要记工作日志。看来这种观点是错误的。俗话说："好记性不如烂笔头。"记忆力再强，时间长了，要记的内容多了，总会遗忘一些。我们不可能总是记得自己需要做的事，完成了今天的事，忘记明天、后天的事是很容易的。许多管理者倾向于为眼前的事情忙得焦头烂额，缺乏长远计划。许多事情也并不是一次性或一天就能搞定的，它也需要每天或每一阵子分配一定的时间来做。写工作日志，可以让我们对工作做到心中有数，减少工作中的失误，能有效地帮助你掌控工作进度。

### 1. 写好工作日志

做好准备工作。笔记本是必不可少的。最好给每一项工作准备一个单独的笔记本，不要在一个本里同时记几项工作的笔记，这样会很混乱。准备两种不同颜色的笔，以便通过颜色突出重点，区分不同的内容。

做好标记。可在每页日志的右侧划一竖线，留出 1/3 或 1/4 的空白，用于日后拾遗补阙，或写上自己的心得体会。

## 2. 日志方式

要点日志：不是将工作的所有内容都记录下来，而是抓取要点，对工作中的重要事项用关键词语加以概括。

提纲日志：用大小标题概括工作的内容，并用大小写数字按顺序分出不同的层次，在每一层次中记下工作要点和有关细节。条理清晰，使人一目了然。

图表日志：利用一些简单的图形和表格，把工作的主要内容绘成表格图，列表加以说明。图表比单纯的文字更加形象和概括。可以制作一个表格，把本月和下月需要优先做的事情记录下来。

及时检查日志：工作日志要经常检查，可从头至尾阅读一遍自己写的日志，既起到复习的作用，又可以检查笔记中的遗漏和错误，将遗漏之处补全。同时将自己对工作的理解，将自己的收获和感想，写在日志右侧的空白处。这样，使笔记变得更加完整、充实。

# 五、每天写备忘录

以下是一些常见的管理问题：

公司领导找我们谈工作给予了很多指示，对领导来说，谈完就结束了，他还有很多其他的事情要处理，对于我们来说，领导的指示是否记住了？是否理解准确了？领导做出的承诺他会不会忘记？如何把领导的指示转达给团队的下属？

和下属讨论一件事，讨论完了，双方理解的是一个意思吗？怎样确保双方一致会记得彼此的约定？

造成这些现象的原因，是由于没有养成良好的工作习惯，准确地说是没有养成每天写备忘录的习惯。如果有备忘录，上述这些问题都会迎刃而解。

"每日备忘录"是我们想记却又不愿长久记在脑海里的信息、文件和资料的存储器。备忘录可以是纸质的，也可以是电子邮件，甚至是微信、短信、QQ。

《有效的经理人》一书中说："我赞美彻底和有条理的工作方式。一旦在某些事情上付出了心血，就可减少重复，开启更大和更佳的工作任务之门。"

西方一些"时间管理"专家运用电子计算机作了各种测定后，为管理者支配时间提出这样一条建议："整齐就是效率。"他们打比方说："木工师傅的箱子里，各种工具排列有序，不同长度的钉子分别放好，使用起来随手可得。每次收工时把工具放回固定的位置，同把工具胡乱丢进箱子里所费时间相差无几，而效果却大不一样。"

工作有序，就应把自己的工作任务清楚地写出来。比如说，你决定在下周四下午去理发，不妨在"每日备忘录"的日期上做个记号。

假如你每个月得缴纳 5 000 元的汽车分期付款，不妨用付款单或其他东西来提醒自己，早做准备，一月接一月地缴纳。

假定你 3 号要参加某个会议，而你想带些重要资料去，不妨把文件放进"3"号的文件夹里，并在上面注明会议的地点、时间、与会人员等。也许你偶尔会忘了开会或一时找不到资料，可是只要你记得每天早上查对你的"每日备忘录"，你将会记得这些东西的。

把这些文件放进你的档案里，并在放置的地方和你想要使用的时间处做个记号。你可以在往后的时间里翻阅这些文件，然后，在每个月的 1 号打开当月的卷宗，按照预定的时间将文件放进去。

只要你早上花些工夫打开当天的卷宗，就可以找到你所要的东西。你会因为没有把事情忘了而心安，你可以把回想的工夫省下来，用在其他的事情上；在适当时候，你便知道你的约会、计划和文书工作，你也因用不着分心于其他事而变得相当有效率。我们确信"每日备忘录"这种方法，能让你花最少时间和精力去增进管理效能。

**参考书目**

1. 李金水.世界500强工作法［M］.江西：江西人民出版社，2017.

2. 李筱懿.情商是什么——关于生活智慧的44个故事［M］.浙江：浙江文艺出版社，2017.

3.［瑞典］Staffan Noteberg.大胖，译.番茄工作法图解：简单易行的时间管理方法［M］.北京：人民邮电出版社，2018.

4. 孙陶然.有效管理的5大兵法［M］.北京：中国友谊出版社，2018.

5. 舒瀚霆.高绩效团队五项修炼：目标必达的33个高效方法［M］.北京：北京联合出版公司，2020.

6.［英］迈克尔·赫佩尔.刘丹，译.超级时间整理术——每天多出一小时［M］.北京：人民邮电出版社，2012.

# 第二十六章

# 日事日清术：戒了吧，拖延症

日事日清，就是今天的工作，今天遇到的事情在今天解决，防止问题积累。作为团队管理者，每天都会接到上级的工作指令，来自其他部门的协作要求，以及来自下属的工作请示等，事情很多。任何一件事情如果不能在今天完成，而是拖到明天，工作就会越积越多，最后导致根本无法推动事情的进展。

在管理者的词典里，"明天"是一个令人感到愉快的词，因为有了明天，就有了希望、有了憧憬。失意落魄的人用它当作精神上的最后一根支柱，成功得意的人将它当作将要到达的下一个目标的里程碑。

一位赫赫有名的商界老总，在记者提出让他描绘公司前景时，这位老总没有如人们所预料的那样侃侃而谈，而是满怀自信地告诉记者："我们当然要关注明天，但我们最关注的是今天，只要你看看我们今天实实在在地在做些什么，在如何努力地做着，就知道我们的明天会怎样了。"

这位老总的回答透着耐人寻味的道理：只有善于关注今天的人，才能拥有骄傲的明天，任何的好高骛远或盲目悲观都是空中楼阁，因为只有脚下的土地才最坚实。

## 一、活在今天、做在今天

1871 年的春天，一位正在普通医学院读书的年轻人，面对自己一直不曾优秀的学业、现实生活中的困难和不可预料的前途，极度地悲观起来，他忧心忡忡地担心毕业考试不能通过，担心即使勉强通过了，毕业后又该如何求职，如何创业，如何与人相处，如何少走一些弯路，如何才能少遭遇一些生活的磨难等，不尽的忧虑，使他感觉不到生活的美好。

无边的烦恼困扰着他，他无助地翻开了一本书。蓦然，书中的一句话深深震撼了他的心灵。从那天起，他完全变成了另外一个人，他把所有烦恼统统甩得远远的，快乐、充实地过好第一天。后来，他成了他所生活的那一时代最负盛名的医学家，创建了世界著名的约翰·霍普金医学院，成为牛津大学医学院指定讲座教授，他还被英国皇室册封为爵士。他死后，人们用了厚达1 466页的长卷书写他的一生。

这个人就是威廉·奥斯勒。他在1871年春天读到的改变他一生命运的一句话，内容极其简单——"最重要的就是不要去看远方模糊的画，而要做手边清楚的事。"

1917年，他在耶鲁大学演讲时，许多同学追问他成功的秘诀是什么，他微然一笑说了四个字——"活在今天。"

威廉·奥斯勒博士说得没错。昨天的一切都已属于过去，都已成为身后的风景，而明天的一切尚未到来，还只是未知数。聪明的人会聚精会神地关注今天，把手头的事情全心全意地做好。

贝多芬曾说过这样一段话：你没有学习到一些有用事物的日子，都白白浪费掉了。没有比光阴更贵重、更有价值的东西了，所以千万不要把你今天应做的事拖延到明天去做。

## 二、日事日清、日清日高

团队管理者的工作只有日事日清，才能日清日高，实现良性循环。

沃尔顿提出了著名的"日落原则"，即："日落前完成当天的事情，是我们的做事标准。无论是楼下打来的电话，还是来自国内其他分店的申请需求，我们都应该当天答复每一个请求。"就是规定企业员工做到今日事今日毕。

一个周末晚上，沃尔玛快关门的时候，有一家四口走进沃尔玛设在夏季旅游景点的一家商店。虽然这家店就要关门了，可是店长凯丽还是把他们迎进店里，询问他们需要什么帮助。原来这家人是刚刚来到镇上自己的夏季别墅，却发现没有水，他们急需买根水管。凯丽领他们到卖管道的柜台，可是并没有他们需要的水管。这事要在其他商店里，并且是周末过了关门时候，多数店员会说："对不起，我们这里没有您要的水管……您到其他商店问问吧！"

但在沃尔玛不会这样，当时凯丽打了几个电话帮助订购他们需要的水管。后来凯丽在一家管道商那里找到所要的水管，并与另一个店长吉姆和客户一起到管道商那里帮助客户挑选出合适的管子，然后送到这家人的别墅里，直到帮着把水管安装好，看到水管里流出水才离开他们居住的别墅。这时已是午夜 12 点多。

这家人享受到了沃尔玛人热情周到的服务，深深地体会了沃尔玛"今日事今日毕"的工作习惯。相信日后这家人绝对会成为沃尔玛忠实的顾客，并且通过他们会给沃尔玛带去很多的顾客。

这样的企业何止沃尔玛一家！许多快递公司承诺"下单后 × 小时送达"，也是今日事今日毕的体现；海尔从上到下践行的"日日清"的控制系统，都说明了今日事今日毕的重要性。

任何事情如果没有时间限定，就如同开了一张空头支票。只有懂得用时间给自己压力，到时才能完成。所以每个员工都要制定进度表，记下事情、定下期限，真正做到"今日事今日毕"，这样工作效率才会日渐提高。

## 三、区域日清、职能日清

日清系统是目标系统得以实现的支持系统。因为在目标实施过程中影响因素很多，特别是一些本来极易排除而又未能及时处理的小问题和事故隐患，如果不及时处理就会影响到工作进度，从而影响目标的实现。所以建立起一个每人、每天对自己所从事的每件事进行清理、检查的日清工作系统很重要。

"日日清"的内容分为区域（生产作业现场）日清和职能日清。

### 1. 区域日清

区域日清主要包括七项内容：

第一，质量日清。主要对当天的质量指标完成情况、生产中出现的不良品及原因分析与责任人，所得红、黄质量价值券等情况进行清理。

第二，工艺日清。主要对当天的首件检验结果与其他工件（产品）指标参数的对比情况、工艺纪律执行率情况进行清理。

第三，设备日清。主要对设备的例行保养、设备完好状况和利用率及责任人等情况进行清理。

第四，物耗日清。主要对材料超耗部分按质量、设备、原材料、能源、人员素质等方面的原因与责任进行分类清理。

第五，生产计划日清。主要对生产进度及影响原因、实际产量、欠产数量、解决措施与结果、责任等情况进行清理。

第六，文明生产日清。主要对分管区域的定量管理、卫生、安全及责任进行清理。

第七，劳动纪律日清。主要是对劳动纪律执行情况进行清理。

上述七项区域日清内容，是在各职能人员控制的基础上，由区域上的员工进行清理，并把清理情况及结果填入 3E 卡。区域日清所要解决的主要问题是：各生产作业现场七项内容的受控状况；发生问题的原因及责任分析；员工当天工资收入测算。

### 2. 职能日清

职能日清，是各职能部门对本部门的职责执行情况进行的日清。它包含两部分：生产作业现场和职能部门。

生产作业现场，按"5W3H1S"九个因素进行控制性清理，对发现的问题及时填入相应区域的"日清栏"。

"5W3H1S"是指：

What：何项工作发生了何问题。

Where：问题发生在何地。

When：问题发生在何时。

Who：问题的责任者。

Why：发生问题的原因。

How many：同类问题有多少。

How much cost：造成多大损失。

How：如何解决。

Safety：有无安全注意事项。

各职能部门的工作人员，按自己分工区域、分管职能的受控情况、问题原因的查找及整改措施的制定情况进行分类清理，填入个人的日清工作记录表。职能日清所要解决的主要问题是：找出问题的原因及改进措施；分析责任；变例外因素为例行因素；测算职能人员的工资类别。

## 四、戒了吧，拖延症

很多团队管理者很难做到日事日清，他们常有拖延的时候，但是如果拖延成为一种习惯就会演变成拖延症。拖延症虽然在医学或者心理学上没有严格的定义，但这种行为的害处是很明显的。因此，许多科学家已经就拖延现象单独成立了一个课题，希望都能够帮助人们摆脱拖延的恶习。

达·芬奇一生涉猎大量学科学术，其中包含数学、物理、生物、艺术等多类学科。根据估测，达·芬奇留下了大量手写笔记，而传世的仅仅为其中的三分之一。由于不断追求自身灵感和作品的完美，《蒙娜丽莎》的完成花费了他4年的时间，另一部作品《最后的晚餐》则花费了3年，在此期间的拖延、耽误一度影响了达·芬奇与客户之间的关系。达·芬奇流传后世的著作不会超过20部，但是在其去世的时候手中依然有四五部作品没有完成。达·芬奇在去世时曾经愧惜地说："有哪些事情到底是完成了的？"以此来表达对自己的不满。其手稿中的很多作品均有很高的科学研究价值，但是因为他的拖延使很多创意永远埋葬在了他的脑海，成为这位天才的遗憾。

改变拖延的习惯，改变管理方式，必须知己知彼。想要改变拖延就需要了解拖延的具体特点以及外在表现，然后反问自己是不是一个拖延的人，如果是，那就要思考为什么会变成这样，并且从中找到相应的方法来解决问题。拖延因人而异，每个人拖延的目的都可能不同，但是拖延一般分为：鼓励型、逃避型、决心型、完美主义型。

### 1. 鼓励型

鼓励型拖延者其实是想在工作中寻求更高的难度和刺激，他们总是习惯性地将工作推迟到最后几分钟，以此来寻求自身的快感，通常只有在最后一刻才能够产生对工作的动力。但是拥有这种拖延情况的人通常会忽略自己的工作伙伴，很多事情都是需要团队完成的，如果有一个人具有这种拖延的习惯，工作伙伴会因此而没有安全感，总是担心对方今天的工作能否完成。久而久之便没有人愿意将工作委派给他，重要的任务均不敢交给他来做。

### 2. 逃避型

这种类型的拖延者其实逃避的是工作本身，觉得问题凭自身的水平很难解决，因此习惯性地逃避，拖到最后的时间才做。但是往往由于问题本身很复杂，最后剩下的时间完全不足以解决这个问题，从而导致工作不能够及时完成。

### 3. 决心型

决心型类型的人是因为做一件事情的时候很难下定决心，因此选择回避而形成的一种拖延。究其本质而言，这种类型的人通常是害怕失败之后的结局，甚至害怕成功。这种类型的人正是由于太过于关注别人对自己的看法，因此做什么事情都显得畏首畏尾，害怕自己的能力比不上别人，因此很难下定决心去做一件事情。

### 4. 完美主义型

你是否对每一件事情都想要做到十全十美？完美主义者大部分均属于拖

延者，他们对自己的每一个行动、每一个许诺都要求做到至善至美。这种一味地追求完美的做法，在很大程度上会影响一个人的工作效率。

如果你觉得自己的工作总是不能够按时完成，并且总是会有许多借口来原谅自己，那么，拖延可能已经深深埋在你的习性当中。做一个小小的测试就能够看出你是否习惯性地拖延：

在平时的工作生活中是不是总是在做几天前就应该完成的事情？

经常性地觉得工作没有做好并不是因为自身能力的问题，而是不够努力的问题。

在图书馆借书了看完之后是马上归还，还是习惯性地拖延到最后期限才去归还？

别人的电子邮件以及微信消息等是不是能够马上回复？

一些看起来并不重要的事情总是最后一刻才开始做，是否觉得这样并不会影响生活？

外出旅行时，会不会提前准备行李？还是到最后一刻才匆忙地收拾？

很多问题都可以检验出一个人是否有拖延的习惯，而且拖延的症状也是非常明显的。由于这类人眼中缺乏自信，因此在每次的任务中都不能够达到目标，这样就会促使其对自己的目标越来越低，自信心也会受到很大的打击，其抗压能力通常都比别人要小，因为他们的事情总是被拖延下来。很多拖延的人认为其实自己也不想拖延，但是他自己也不知道为什么别人可以做到的事情他却做不到。

习惯拖延的人中有将近一半的人都认为自己确实有长期拖延的不良习惯，他们总是将所有的事情都留在最后完成。其实，拖延并不是天生的，而是向周围的人学习所致，原因可以是家庭，也可以是周边的生活环境。另外，朋友的容忍通常会助长这种习惯，因此，如果你的朋友有拖延的习惯，千万不能纵容他的这种习惯。

想要改变拖延的习惯首先得调整好自己的心态，不要将拖延看成是一种无所谓的耽搁，应该意识到它对人生、管理的重大影响。拖延的习惯虽然看上去无伤大雅，但是能够使人的抱负落空，成为职场升迁路上的重大障碍。找出对自己影响最大的拖延习惯，然后努力去改变它，突破它对自己的束缚。

 **参考书目**

1. 吴军 . 见识［M］. 北京：中信出版社，2018.

2. 采铜 . 精进：如何成为一个很厉害的人［M］. 江苏：江苏凤凰文艺出版社，2016.

3. 辰格 . 戒了吧！拖延症：21 天搞定拖延症（升级版）［M］. 天津：天津人民出版社，2016.

4. 马伦 . 日事日清工作法［M］. 北京：当代世界出版社，2018.

5. 张萌 . 人生效率手册（重塑升级版）［M］. 湖南：湖南文艺出版社，2019.

6. 李金水 . 世界 500 强工作法［M］. 江西：江西人民出版社，2017.

# 第二十七章

## 环境整理术：提升工作精致度

人们总能看到这样的人：他们总是井井有条、按部就班地完成每一件事，不仅保证质量而且效率极高。其实，人的精力和时间都是相当有限的，给自己制定一份顺序表，将重要的或者对于实现目标有帮助的放在前面，整理好工作的顺序，这样一种好习惯会让你做的每一件事都有助于你接近成功。

有一家美国跨国公司的老总慕名前去拜访卡耐基，想要向他学习一些获得成功的方法。来到卡耐基的办公室，这位老总发现，卡耐基的办公室异常整齐而且干净，没有一丝杂乱。他感到很惊讶，于是忍不住问道："卡耐基先生，我听说您每天都有很多信件需要处理，但是您将那些信件放在哪里了呢？"

卡耐基回答道："那些信件都被我处理完了。"

这位老总又问道："那您今天应该还有很多没干的事情吧，那些事情都交给谁了呢？"

卡耐基微笑着回答道："我并没有将事情推给任何人，而是自己处理完了所有的事情。"

这位老总感到很诧异，问道："可您是怎么做到在短时间内迅速处理完所有事情的呢？"

看出了这位来访者心中的困惑，卡耐基解释道："这很简单，我知道自己每天都需要处理很多事情，但是毕竟自己的精力是有限的，不可能同时完成两件事情。于是，我将自己的工作进行分类整理，并且按照这些事情的重要程度来合理排序，先将重要的事情处理完，然后再接着处理其他的事情。经过这样的整理，效率自然也就提高了。"

这位老总恍然大悟，向卡耐基道谢后退了出来。

一段时间后，这位老总向卡耐基发出了邀请函，邀请卡耐基参观他的办公室。在聊天的时候，他感激地对卡耐基说道："卡耐基先生，非常感谢您向我传授了那一套处理事务的方法。以前，我的办公室里到处都是要处理的文件，每次走进办公室我都会感觉恐慌和压抑，而且经常将一些需要立即处理的事情给忘记了。自从用了您教的那套方法后，处理事情顺利多了，也不会再弄错轻重缓急，应对客户时也更加游刃有余了。"

这位老总运用了整理术后找到了处理事务的正确方法，几年的时间内，他就将自己的公司扩大了数倍，而且涉及其他领域，成就斐然。

在工作中，良好的整理术能够让你有条不紊地进行工作，将每天的工作安排好，能够大大缩减一个人每天用来思考下一步该做什么事情的时间，提高工作效率。

# 一、办公桌是工作的镜子

在工作中，管理者和员工都应该具备一些档案管理方面的基本知识。作为本部门共用的文件资料会有专门的人管理，但个人也应收集和保存一些自己用的文件资料。对于个人用的文件资料，你就应该进行妥善保存，要用的时候能很快找到。哪些文件必须保存？如果要保存又该如何保存？哪类资料看完就可以毁弃？这里面大有学问。

作为一般的员工，常用的资料大概可以分为两种：一种是本部门共用的，一种是个人专用的。有些资料虽然可以是大家共用，也可以是个人专用。如果是归个人专用，那么，在保存的时间、使用的范围以及保存的方式上与整个部门共用的都有很大不同。哪些资料归个人专用，哪些资料属大家共用，公司一般都有明确的规定。

归整个部门共用的资料包括：公司内的各种规章制度、业务资料。业务资料包括各种规定和标准、各种业务手册和商业应用文集等。

归员工个人专用的资料，主要是自己所需的文件资料。如果是没有保存价值的资料就应及早销毁，这样既可以省地方，又可以节约办公费用。

当然在很多情况下，对于一些东西究竟是要还是不要，我们可能会难以判断。如果保存起来，除了占用文件柜，看不出它有什么实际意义；如果毁掉，万一将来要用到，那又怎么办呢？遇到这种情况，最保险的办法是请示上级：如果上级说要，就存起来；上级如果说不要，就毁掉。如果经常遇到这种情况，也不能总是去打扰上级，所以，在这方面主要是靠向别人学习和自己经验的积累。

一个优秀的管理者应该保持"日事日清"的习惯，办公桌上的文件按急办的、缓办的和一般性的分门别类地摆放，有条有理，井然有序。临下班的时候将办公桌收拾整齐，包括椅子的摆放。

你的办公室就像是一面镜子，从中折射出的是你的工作效率和办事作风。

## 二、让办公桌整洁、有序

一位研究所的研究员经过无数个日日夜夜的苦战攻关，终于解决了研究中的一个难题。这位研究员把攻克这一难题的资料和办公桌上其他的资料放在一起，就带着满意的笑容入睡了。他睡得很香，第二天上午醒来时，却找不到攻克难关的资料了。原来，这个研究员的孙子进入他的办公室，为了扎一个风筝，正巧拿走了那些有用的资料。当这个风筝带着小孙子的幻想在天空中越飞越高、越飞越远，最后变成一个看不见的小黑点时，老研究员的心血也化成了泡影。这真是人生中的一大憾事。如果研究员的办公桌是井井有条的，并告知小孙子办公桌上的东西都是有用的，不能乱动，这样的悲剧还会发生吗？

很多时候，让你感到疲惫不堪的往往不是工作中的大量劳动，而是因为你没有良好的工作方法——不能保持办公桌的整洁、有序，从而降低了办公室生活的质量。

在多数情况下，东西越堆越高、物件越杂乱无章，就越可能浪费更多的时间。当你不能记起堆积物下层放的是什么东西时，或者你要为一个项目找到所有相关资料时，你就不得不在资料堆里埋头苦找。这样，一部分时间就浪费在了查找丢失的东西上了。更糟糕的是，随意放置的东西随时会吸引你的注意力。当你在做某项工作的时候，你的视线也许会在不知不觉中被别人送你的小纪念品、钟表或者全家福照片而吸引。等你回过神来的时候，你又不得不从头思索你刚才正在做的工作或者正在写的文书。

从另一方面来看，如果你的办公桌总是弄得乱糟糟的，上级领导也许就会觉得你这个人的工作大概就像你的办公桌一样杂乱无章，交给你的任务怕你做不好，你的上司还会因此对你不放心、不信任，进而你在办公室的管理地位就不稳固，那又谈何成功呢？

办公桌面是否整洁，是工作条理化的一个重要方面。杂乱无章的工作方式是一种恶习。有些人却把杂乱看成了一种工作方式，他们还宣称在这种随意的工作环境中心情会更放松，那些重要的东西总会在大堆的文件中浮现出来的。一位西方著名的管理者对办公桌上堆积如山的东西提出了精辟的解释："这是因为我们不想忘记所有的东西。我们把最想记住的东西放到办公桌上一堆资料的顶部，这样就可以看到它们。"

事实上，这种不良的工作习惯不仅会加重你的工作任务，而且会影响你的工作热情。

曾经有一项 2 000 人参与的调查，其中 67% 的人表示他们坐在办公桌前的时间比 2 年前增加了；大约有 40% 的人说，他们经常因办公桌上杂乱的纸张、用品而发怒。研究表明：杂乱的办公桌容易使人生病。日本电气和三菱公司的研究员指出，日本的办公室工作人员正遭受"办公易怒综合症"的困扰，经常性长时间工作、杂乱的办公桌以及错误的坐姿是导致这种新的都市病发生的主要原因。研究人员表示，在工作时保持办公桌整齐，使办公桌更具个性化，诸如此类的措施都可以减少病况的发生。

美国管理学家蓝斯登可以算得上是一位真正有条理的人。他桌上的公文已减到最小程度，因为他知道一次只能处理一件公文。当你问及他某个文件时，他立刻可从公文柜中找出。当你问起某个项目的历史资料时，他一眨眼就能想到放在何处。当交给他一份备忘录或计划方案时，他会插入适当的卷宗内或放入某一档案柜。

办公桌如何才能整理呢？日本知名整理学者泉正人给出了如下建议：

把你办公桌上所有与正在做的工作无关的东西清理出来，把立即需要办理的找出来放在办公桌中央，其他的按照分类分别放入档案袋或者抽屉里。这样做的目的是提醒你，你现在所做的工作应该是此刻最重要的工作，你一次只能做一项工作，你要把所有精神集中在这件事上，不能让其他工作影响你。

不要因为受到干扰或者疲倦而放下正在做的工作，转而去做其他不相干的事情。因为如果此项工作还未结束就又开始另一项工作的话，你的办公桌就开始混乱。你一定要力求把你手头的工作做完后再开始另外的事情，即使这项工作遇到了阻碍，你也要尽量完成到一个再做它时容易开始的阶段。

一项工作做完后，一定要把与这项工作相关的资料收拾整齐，并按照类别把它们放到合适的位置，千万不要把它们就这样摊放在办公桌上。

从办公桌上拿开目前不需要的书籍文件，对它们可以按照重要性和先后顺序的原则进行分类。

在每天下班前，抽出几分钟把办公桌收拾干净，并且每天都按照以上的标准进行清理，这样你就可以安心结束今天的工作，为明天迎来一个好的开始打下基础。长此下去，养成习惯，你的办公桌一定会保持整洁，而这对于你的工作是有百利而无一害的。

### 三、办公环境的整理与装饰

一个整洁有序的办公环境是日常工作中必不可少的，办公环境的整理与装饰要遵循以下标准：

第一，书架应靠墙摆放，这样比较安全。如果办公室里有沙发，最好远离办公桌，以免谈话时干扰别人办公。茶几上可以适当摆放装饰物，如盆花等。临时的谈话可在这里进行，较长时间的谈话或谈判应在专门的会议室进行。

第二，办公室人员比较多，不必进行特别的修饰，但要做到干净、明亮。窗和玻璃应该经常擦洗，书架的玻璃门要保持洁净、透明。办公室的门不应该关得过紧，以免来访者误以为没人在，也不能用帘布遮挡。

第三，办公室中不宜堆放积压物品。堆积物会影响观瞻，给来访人以脏乱差的印象，要经常清理办公室里的废弃物。

第四，办公室的地面要保持清洁，木地板要经常清扫、擦洗。地毯要定期吸尘，以免滋生寄生虫、尘螨。窗户要经常打开透气，若门窗不常开，势必使室内空气混浊，会给来访者带来不便。

第五，办公室的墙切忌乱刻乱画。不能在办公室的墙上记录电话号码或张贴记事的纸张，墙面可悬挂地图或与公司有关的图片。

第六，办公室是公众场所，谁都不要吸烟或高声喧哗。任何人不应摔门或用力开门，出入要轻手轻脚。

第七，宽敞的办公室可以放置盆花，但盆花要经过认真选择，一般不用盛开的鲜花装点办公室。过艳的色彩会分散来访者的注意力，使人们的精力发生偏移。可以选用以绿色为主的植物，绿色可以给人舒适的感觉，可以调节人的情绪。对盆花要给予经常的浇灌和整理，不能让其萎枯而出现黄叶。可以在绿叶上喷水，使其保持葱绿之色。花盆的泥土不能有异味，肥料要经过精选。有异味的肥料会引来苍蝇或滋生寄生虫，反而会给办公室带来污染。

**参考书目**

1. ［日］佐藤可士和.常纯敏，译.佐藤可士和的超整理术［M］.江苏：江苏凤凰美术出版社，2017.

2. 李金水.世界 500 强工作法［M］.江西：江西人民出版社，2017.

3. ［日］川上雪.安忆，译.极简整理术［M］.江苏：江苏凤凰文艺出版社，2016.

4. ［日］山下英子.吴倩，译.断舍离［M］.广西：广西科学技术出版社，2013.

5. 金圣荣.不可不学的高效整理术［M］.上海：立信会计出版社，2017.